粮油市场贸易及政策分析 2012

杨艳涛 贾 伟 杨根全 秦 富 著

中国农业出版社

　　本书得到农业部国际合作司、农业贸易促进中心 2012 年国际农业监测研究体系项目"世界粮油市场、贸易及产业政策"课题资助，特此感谢！

前　　言

　　2012 年全球粮油市场跌宕起伏，南美地区大豆减产、美国玉米产量较为悲观、小麦出口国减产，极端干旱的天气推高了国际粮油价格。在国际粮油市场发生剧烈变化的背景下，中国粮食生产再获丰收，实现创纪录的"九连增"，然而 2012 年中国主要粮油商品进口量也有较为明显的增长。那么，推动进口增长的具体原因是什么？是国内粮油市场供求出现了新的变化，还是其他因素的影响？这也是本书研究的目的所在。

　　本书为农业部国际合作司、农业贸易促进中心国际农业监测研究体系项目"世界粮油市场、贸易及产业政策研究"的阶段性成果。全书分为三篇，包括粮食市场贸易及政策分析、油料及食用油市场贸易及政策分析、粮油需求与消费分析三个部分，内容涉及粮油的主要品种，包括稻米、小麦、玉米，以及油菜籽及菜籽油、大豆及大豆油、花生及花生油等。重点是对国际与国内市场、贸易及政策的变化特点进行分析，对未来的粮油市场进行展望，并提出政策建议；利用时间序列模型并结合城镇化、人口增长、料肉比等相关数据，预测未来中国农村和城镇居民人均食物消费以及中国粮食总需求；并对中国粮油与其他食物消费结构变动进行比较分析。研究成果旨在分析粮油市场贸易变化的趋势以及为探讨中国粮油产业的科学发展提供决策支撑。

本书是集体研究的成果，由秦富负责总体设计、内容审核和最终定稿，由杨艳涛负责全书写作的组织和系统修改。第一篇主要由杨艳涛、秦富完成，第二篇主要由杨根全完成，第三篇主要由贾伟、秦富完成。同时，本书得到国家粮油信息中心、中华粮网等单位提供的数据支持，得到了许多专家的支持和帮助，在此致以诚挚感谢。

由于作者水平有限，错误和疏漏在所难免，敬请广大读者对本书中存在的不足提出宝贵的指导意见。

目　　录

前言

第一篇　粮食市场贸易及政策分析

第三篇　粮油需求消费分析

第一篇

粮食市场贸易及政策分析

第一章

稻米市场贸易及产业政策研究

一、2012年世界稻米供需、市场、贸易及政策变动特点

(一)世界稻米生产分析

1. 世界稻米生产保持稳定

2012/2013 年度世界稻米收获面积与产量基本保持稳步增长,与 2011/2012 年度相比,收获面积略减,而单产提高,产量略增。据美国农业部 2013 年 1 月预测,2012/2013 年度世界稻米收获面积为 1.584 3 亿公顷,比上一年度略减 0.36%,单产为 2.94 吨/公顷,比上一年度提高 0.68%,产量 4.655 5 亿吨,比上一年度增加 0.12%(图 1-1)。

2. 亚洲主产区生产形势较好

亚洲主产国稻米收成较好,主要原因是天气条件较好以及种植面积的增加。其中,中国产量增加 1.6%、越南产量增加 2.35%、印度尼西亚产量增加 1.1%、菲律宾产量增加 2.8%、泰国产量增加 0.2%。稻米生产大国印度减产较为严重,减产主要是由干旱天气所致,2012/2013 年度预计产量 9 900 万吨,减产 532 万吨,减幅 5.1%。

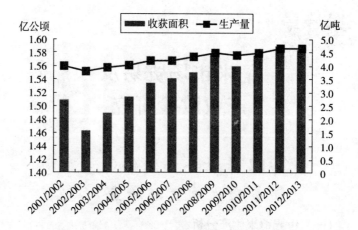

图 1-1　2001—2012 年世界稻米面积与产量变化

数据来源：美国农业部。

（二）世界稻米消费分析

世界稻米消费量的增幅较大，库存消费比仍处于历史较高水平，供需形势较为宽松。据美国农业部 2012 年 12 月预测，2012/2013 年度世界稻米消费量继续增加为 4.661 亿吨，比 2011/2012 年度增加 2.5%，而产量的增幅仅为 0.07%，库存量减少 316 万吨，库存消费比为 22%，比 2011/2012 年度的 23.24% 降低 1.24 个百分点，但仍然处于历史较高水平（图 1-2）。

（三）世界稻米市场分析

国际稻米市场在 2011 年年底的快速下跌后，保持低位震荡，在 5—6 月曾涨至最高点，但总体保持平稳。从现货市场（以泰国大米 FOB 价为例）与期货市场（以 CBOT 稻米为例）走势看，表现基本一致，前半年以涨为主，后半年保持平稳下

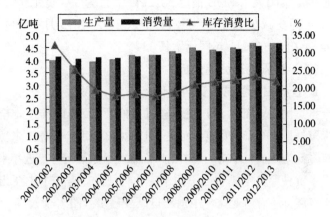

图 1-2 2001—2012 年度世界稻米供需变化

数据来源：美国农业部。

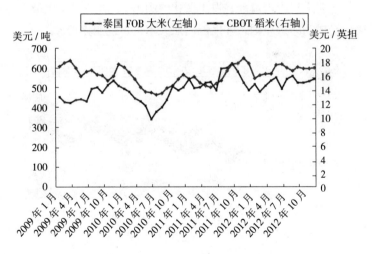

图 1-3 国际稻米市场价格变化

数据来源：美国农业部（数据截止到 2012 年 12 月）。

跌态势。泰国大米 FOB 报价 2012 年 12 月为 598 美元/吨，与 2011 年同比减少 3.4%，CBOT 稻米 2012 年 12 月报价 15.5 美元/英担，与 2011 年同比增长 11%。

（四）世界稻米贸易分析

1. 世界稻米贸易形势的变化

据美国农业部预测，在已经过去的 2011/2012 年度，全球大米贸易量为 3 851 万吨，而在 2012/2013 年度，全球大米贸易量将降低为 3 611 万吨，大米出口面临竞争激烈局势。近年来全球大米贸易形势主要有以下两个变化特征：一是 5 个主要出口国出口额排序有所变化，中国出口减少最多（图 1-4）。5 个大米主要出口国为泰国、印度、越南、美国和巴基斯坦，过去泰国一直是大米出口最多的国家，但目前其位置已被印度所取代。二是主要进口国进口趋势发生变化（图 1-5）。中国变化最为显著，已成为净进口国，印度尼西亚大米进口也变化较大。

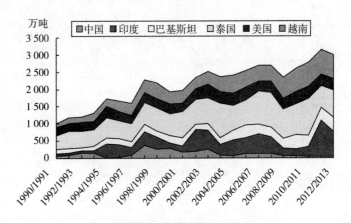

图 1-4　世界主要大米出口国出口量的变化

数据来源：美国农业部。

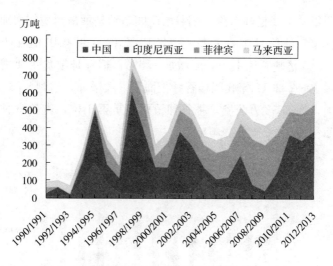

图 1-5 世界主要大米进口国进口量的变化

数据来源：美国农业部。

2. 主要大米出口国贸易政策的变化

2012 年印度跃居第 1 位，成为世界第一大米出口国，越南排名第 2 位，泰国退居第 3 位。世界大米出口格局的变化主要是由于出口国政策的变化，首先是泰国政府采取的保护性高价收购政策，直接削弱了泰国大米在国际市场上的竞争地位；其次是印度解除大米出口禁令，并迅速凭借其价格优势抢占了大量的市场份额；第三是越南近年来非常重视大米出口创汇业务，对于国际市场的市场竞争进行了积极的应对。

二、2012 年中国稻米供需、市场、贸易及政策变动分析

（一）2012 年我国稻米生产分析

2012 年我国稻谷连续 9 年实现增产。我国稻谷产量连续

两年站上 2 亿吨台阶，稻谷增产的基础是种植面积的增加。据国家粮油信息中心的数据，2012/2013 年度我国稻谷产量为 2.043 亿吨，比上一年度增加 1.6%，稻谷是粮食主要增产品种之一；2012 年我国稻谷种植面积继续增加，达到 3 030 万公顷，增加 33 万公顷，稻谷种植面积是第 1 位，占粮食种植总面积的 28%（图 1 - 6）。

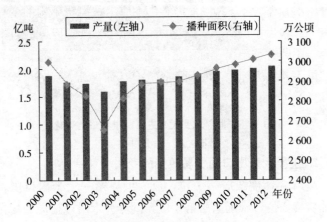

图 1 - 6 中国稻谷播种面积与产量的变化

数据来源：国家粮油信息中心。

（二）2012 年我国稻米消费分析

1. 国内稻米消费量保持低速增长

2012 年我国稻米消费继续保持低速增长，主要增长部分是食用消费，虽然作为口粮直接食用的大米人均消费量呈下降趋势，但由于总人口数量的增加，食用消费量增加，工业消费和种用量也出现小幅增长。由于玉米和小麦作为饲料的优势更加明显，稻谷饲用消费量下降。据国家粮油信息中心 2013 年 1 月预测，2012/2013 年度国内稻米总消费量 2.015 亿吨，比上一年度增加 1.56%，其中食用消费量为 1.72 亿吨，比上一年度增加 1.78%。

2. 国内稻米供给总量有余，但存在品种结构性矛盾

2012 年国内稻米产量高于消费量 279 万吨，供需形势将继续保持宽松格局，但是粳稻、籼稻品种间的矛盾继续存在。我国粳稻产量年增长率在 5% 左右，黑龙江地区产量连续 13 年年均增长率为 8%，但是仍然供不应求，消费结构的变化不断对生产提出新的要求。2004 年我国对稻谷实行最低收购价以来，不断调整粳稻、籼稻之间的价差，目的是通过最低收购价政策不断拉大粳稻、籼稻的价差，从而提高农民种植粳稻的积极性。

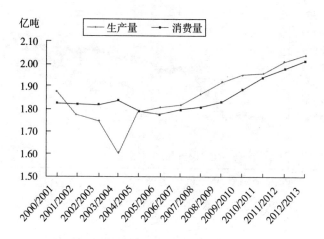

图 1-7　中国稻谷产量与消费量的变化

数据来源：国家粮油信息中心。

（三）2012 年我国稻米市场分析

2012 年国内稻米市场依然保持"稻强米弱、籼强粳弱"

格局，前半年粳稻价格不断上涨、后半年持续下挫，籼稻价格全年高开低走。粳稻价格先涨后跌的原因在于：前半年在国家最低收购价大幅上提和集团采购量增加的因素支撑下，粳稻价格出现上涨；而后半年的价格下跌是由于东北新季粳稻和南方晚稻上市量逐渐增加，国内稻谷产量增加压力而致，11月份黑龙江、吉林、安徽托市收购适时启动。籼稻价格高开低走的主要原因在于：一是产量同比增加，上市压力显现；二是进口大米的影响持续存在，销区需求较为疲软；三是市场主体对后市信心不足，建立库存的意愿较低；四是中晚籼稻国仓补库需求量小。

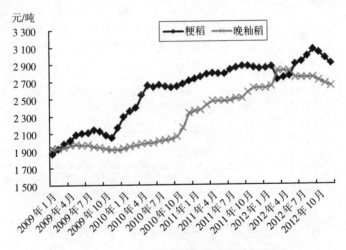

图 1 - 8 2009—2012 年中国粳稻与籼稻价格对比

注：粳稻价格为江苏、黑龙江、安徽三省平均批发价，
籼稻价格为江西晚籼稻批发价。

数据来源：国家粮油信息中心（数据截止到 2012 年 12 月）。

（四）我国大米贸易分析

1. 大米进出口量的变化

大米进口量激增，出口量减少。据海关统计，2012 年 1—12 月，我国进口大米 234.4 万吨，比 2011 年增加 305％；我国出口大米 27.9 万吨，比 2011 年减少 45.8％，主要出口国仍为韩国、日本和朝鲜。从进口构成来看，主要进口国为越南，占进口总量的 65.9％；其次为巴基斯坦，占进口总量的 24.7％；泰国已降为第 3 位，仅占进口总量的 7.48％。

大米进口量激增的主要原因是国内外价差的变化，一些加工企业出于成本的考虑，对于国外低端市场的大米特别青睐。从价格来看，11 月进口量较大的越南 5％破碎大米进口到南方港口分销价为 3 500 元/吨左右，较 10 月份下降 100 元/吨左右。国产普通早籼米批发价为 3 800 元/吨，普通中晚籼米批发价 3 900～4 000 元/吨。越南大米与国产籼米价差重新扩大到 300 元/吨以上，价格优势明显。

2. 大米进口增加对国内市场的影响

大米进口激增明显影响国内市场，国内加工贸易企业（尤其是南方销区）经营压力增加。但从另一个角度来看，低价进口大米对于增加籼米供应、稳定国内稻米市场价格具有重要的意义。对于未来趋势，大米进口持续增长不会对粮食安全带来影响，因为进口量占国内消费总量的比例很小，仅为 1％，相对于中国产量的比例更小，在国家政策补贴支持下，目前农户种植稻谷的收益相对较高，农民的种植意愿依旧较强。

（五）我国稻米产业调控政策分析

1. 2012 年我国稻米产业政策

2012 年国家继续在稻谷主产区实行最低收购价政策，提高最低收购价水平，并不断调整粳稻和籼稻品种间的价差。2012 年生产的早籼稻（三等，下同）、中晚籼稻、粳稻最低收购价分别提高到每 50 千克 120 元、125 元、140 元，总体提高了 2012 年稻谷的底部价格，支撑了稻米市场在较高价位上运行。我国自 2004 年实施稻谷最低保护价政策以来，稻谷最低收购价逐年上调，相比 2004 年最低收购价，2012 年早籼稻最低收购价上涨 71.43%，晚籼稻上涨 73.61%，粳稻上涨 86.67%；由图 1-9 可以看出，粳稻与籼稻价差在不断扩大，这样有利于增加粳稻的供给。

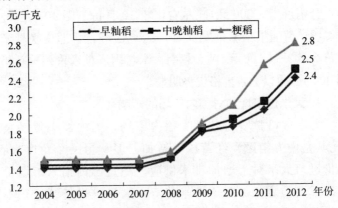

图 1-9　2004—2012 年国内稻谷最低收购价的变化

数据来源：中华粮网。

2. 稻米产业政策对国内市场的影响

最低收购价上调对于市场主体影响分为两个方面：一方面，给加工企业带来较大压力。由于国内外价差较大，进口大量发生，将继续拉低国内大米价格，因此加工企业面临着原料成本高而大米价格低的巨大压力，使得处于困境之中的加工企业更加举步维艰。"稻强米弱"现象不断加剧，困扰着我国稻米行业发展；另一方面，给大米进口贸易商带来较高利润。近年来全球稻米产量形势良好，出口供应充足，国际大米价格震荡下降。同时，国内稻谷最低收购价持续上调，并传导至大米市场，导致国内外大米价格差距将不断拉大，进口贸易利润空间非常可观。

三、2013 年世界及我国稻米市场及贸易形势展望

（一）世界

展望 2013 年，世界大米产量将持续增加，2013 年将达到历史高点。由于 2008 年全球米价上涨幅度很大，乌拉圭、叙利亚等国感到本国粮食安全受威胁，开始大量种植水稻，缅甸、柬埔寨等稻米生产国也觉得有利可图，加大了种植面积，从而导致近几年来全球大米产量保持在高位，大米库存量也在持续增加，尤其是泰国大米由于出口不畅，库存量增加更加明显。由此看来，短期全球米价将面临较大的下行压力。泰国剩余的库存大米如果始终无法出口，一旦大规模投入国内市场，未来全球米价将进一步下跌。预计国际大米出口局势仍然取决于泰国、越南、印度、美国、巴基斯坦等国，但出口份额会因出口国的政策变化而变化，预计世界大米贸易量保持在 3 000 万吨左右。

（二）中国

对于粳稻而言，由于当前国内稻米供应压力较大，短期稻米市场上涨空间不大，而下方又受到政策的强劲支撑，下跌空间也不大，因此预计未来小幅波动可能将成为常态。对于籼稻，

国内籼稻市场受大量进口的影响将持续低迷状态，市场价格将维持弱势。我国是大米的第一大消费国，尽管粮食生产相对充足，但国际市场大米价格不振仍然可能波及中国，国内外大米价格差明显的状态无法在短期内发生改变，国家可以借机收储大米，保护国内米价。预计 2013 年我国将继续增加大米进口，进口大米将继续对我国稻米市场带来影响。如果泰国继续实施稻米保护价政策，我国可能继续加大越南大米的进口量。

四、政 策 建 议

1. 继续实行稻谷最低收购价政策，不断提高最低收购价水平

自 2004 年我国执行稻谷最低收购价政策以来，稻谷产量连续 9 年提高。自 2004 年以来，稻谷面积累计增加了 2 870 多万亩①，产量增加了 2 520 万吨。由此可见，价格杠杆是其他补贴政策无法替代的，价格提高信号对于稻谷增产的作用非常明显。2013 年国务院决定继续提高稻谷最低收购价，2013 年早籼稻（三等，下同）、中晚籼稻和粳稻最低收购价格分别提高到每 50 千克 132 元、135 元和 150 元，比 2012 年分别提高 12 元、10 元和 10 元，涨幅分别达到 10%、8% 和 7%。由于目前我国粮食支持价格水平高于泰国等稻谷主产国，国内外大米价差扩大，引发大米大量进口。国内大米产业普遍不适应，大米加工效益下降等问题有长期化趋势。尽管如此，最低收购价政策仍然利大于弊。因为现阶段国内稻谷增产必须通过使用大型机械、提高种植规模和增加投入等方式获得，种植成本快速提高，因此收购价格的提高是必然的发展趋势，提高支

---

① 亩为非法定计量单位，1 亩＝667 米²。下同——编者注

持价格利大于弊。

2. 扶持稻米加工龙头企业，推进稻米产业化发展

2004 年以来，国内粮食市场"政策市"特征日趋明显。国家不断加强支农惠农力度，确保稻谷生产发展和农民增收，但给予大米加工企业的支持却很少。目前我国稻米加工业普遍存在经营规模小、经营成本高、产品结构层次低、加工利润薄、营销渠道不畅等问题，"稻强米弱"的局面困扰着我国稻米加工企业的发展。因此，发展优质稻米产业化是加快我国稻米优质化、提高稻米竞争力的重要途径。政府应扶持一批稻米加工龙头企业，特别是出口型稻米加工开发龙头企业，对优质稻米实施产业化开发，形成我国优质稻米发展的企业带动模式，促进我国稻米走向世界。扶持龙头企业要与扶持稻米出口生产基地结合起来，根据市场的需求组织优质稻生产，实施订单生产，提高水稻生产的组织化程度，把优质稻的生产、收购、贮藏、加工、销售等环节连接起来，形成有自动调控能力的产业化经营模式。

3. 促进稻米期货市场的发展，改革粮食流通体制

2009 年我国早籼稻期货在郑州商品交易所上市，但由于起步较晚，至今稻米期货市场发育尚未成熟。大力促进稻米期货市场发展，改革现有粮食流通体制，有利于完善粮食市场体系和粮食价格机制的形成。从微观上来看，通过发挥期货市场预期价格的指导作用，可以促进农业产业化和"订单农业"的发展，促进农民按照市场需求安排和组织生产，解决农业生产结构与市场需求结构之间的矛盾；同时，期货市场有利于粮食企业锁定价格风险，保证银行信贷资金安全，提高农业与粮食产业的质量和效益。

第二章

小麦市场贸易及产业
政策研究

一、2012 年世界小麦供需、市场、贸易及政策变动分析

1. 2012/2013 年度世界小麦减产，主要由于黑海地区主产国的干旱

2012 年由于黑海地区的干旱，世界小麦主产国产量大幅下降。据美国农业部 2013 年 1 月预测，2012/2013 年度世界小麦产量 6.543 1 亿吨，比 2011/2012 年度减少 6.05%；收获面积由 2011/2012 年度的 2.219 0 亿公顷减为 2012/2013 年度的 2.175 3 亿公顷，减幅 1.97%；单产由 2011/2012 年度的 3.14 吨/公顷减为 2012/2013 年度的 3.01 吨/公顷，减幅 4.14%。

在小麦主产国中，中国和印度是产量大国，产量变化较为稳定，均为自给率较高的国家；而黑海地区的小麦播种面积和单产都波动较大，是全球市场最大的不确定因素。2012/2013 年度黑海三国由于干旱天气，小麦产量仅为 7 771 万吨，较上一年度减少 32%，占全球产量的份额由 2011/2012 年度的 15% 降至 9.8%，成为影响世界小麦市场最大的扰动因素。

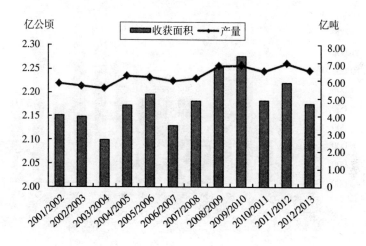

图 2-1　2001—2012 年世界小麦收获面积及产量变化

数据来源：美国农业部 2013 年 1 月预测。

2. 2012/2013 年度世界小麦总消费有所压缩，供求关系仍为紧平衡

据美国农业部 2013 年 1 月预测，2012/2013 年度世界小麦消费量 6.808 亿吨，比 2011/2012 年度减少 1.01％，消费量的减少主要是由于饲用消费的减少。最近几年，全球小麦总消费一直呈现刚性增长，仅仅在减产极为严重的年份略有萎缩，特别是由于全球玉米价格高企以及饲料工业的迅猛发展，小麦饲用消费增长幅度明显加快。每当出现减产的年份，库存都有相当大的消耗，2012/2013 年度小麦库存消费比已降至 25.95％，如果按照库存消费比 30％以上为安全，25％～30％为紧平衡，小麦供求关系已接近紧平衡的下限。

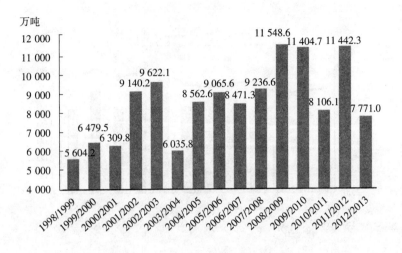

图 2-2　黑海地区小麦产量变化

数据来源：美国农业部 2013 年 1 月预测。

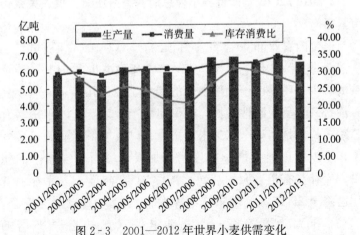

图 2-3　2001—2012 年世界小麦供需变化

数据来源：美国农业部 2013 年 1 月预测。

3. 国际小麦市场价格受产量的推动而快速上涨，供给不足是核心动力

2012年下半年，国际小麦市场出现大幅上涨，如图2-4所示，现货价格（以美国2号硬红冬小麦为例）全年涨幅26%；CBOT小麦期货市场比现货市场更为剧烈，全年涨幅38%。影响国际小麦市场的核心因素在于供给，由于供给不足而产生区域紧张甚至全球紧张，是推动价格上涨的核心动力。推动价格上涨因素有：一是美国气候干旱导致玉米价格飙升，从而带动小麦行情；二是黑海地区气候反常，对于小麦减产的担忧使得国际小麦价格出现上涨。

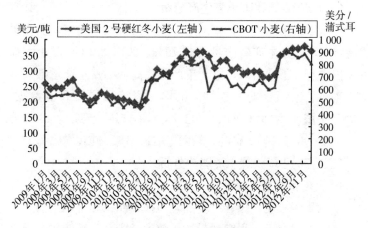

图2-4　国际小麦市场价格变化

注：蒲式耳为非法定计量单位，1蒲式耳（美）=35.239升。

数据来源：美国农业部（数据截止到2012年12月）。

4. 贸易量减少明显，主要受黑海三国减产影响较大

2012/2013年度全球小麦贸易量1.4亿吨，比上一年度减少8.5%，其中黑海三国小麦出口量仅为2 030万吨，比上一

年度减少 46.8%。美国、加拿大、澳大利亚、欧盟等传统出口国在个别年份会因减产造成出口减少，但长期来看比较稳定；而黑海三国出口变动的区间非常大，黑海三国近年来呈现出强大的出口竞争力，在非减产年份，三国出口总和可以达到 3 200 万吨以上，超过了美国，但在减产年份，则出台相关政策限制出口，因此黑海三国的加入为全球贸易提供了更多的小麦供给，但同时也增加了更多的变数。

二、2012 年中国小麦供需、市场、贸易及政策变动分析

(一) 2012 年我国小麦生产分析

受国家政策的支持，我国小麦生产形势较为稳定，生产集中度较高，五大主产省产量占到 75%。2012/2013 年度小麦播种面积比上一年度略减，由于单产的提高，小麦总产量继续增加，实现了创纪录的九连增。根据国家统计局发布的数据，2012 年中国小麦播种面积 2 414 万公顷，较上年减少 13 万公顷；小麦产量 1.205 8 亿吨，较上年增长 318 万吨，增幅 2.7%。

(二) 2012 年我国小麦消费分析

1. 小麦供需处于紧平衡

虽然我国小麦产量连续增加，但播种面积却徘徊不前，产量的增幅空间有限，而消费量的增幅大于产量，近两年我国小麦消费总量已超过产量，再加上优质小麦的有效供给不足，小麦供需形势处于紧平衡状态。根据国家粮油信息中心 2013 年 1 月份预计，2012/2013 年度国内小麦消费量为 1.207 亿吨，较上年度减少 454 万吨，主要是由于饲用量的减少。其中食用消费从上年度的 8 300 万吨增长至 8 400 万吨，增幅 1.2%；

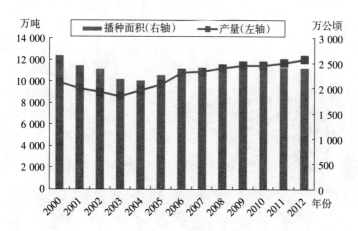

图 2-5　2000—2012 年我国小麦播种面积及产量变化

数据来源：国家粮油信息中心。

饲用消费从上年度的 2 600 万吨降至 2 000 万吨，减幅 23%，但仍处于高位；工业消费量预计从上年度的 1 150 万吨增至 1 200 万吨，增幅 4.3%。2012/2013 年度国内小麦结余量为 228 万吨，较上年度增加 717 万吨。

2. 小麦替代成为影响国内小麦供需的重要因素

从小麦和玉米的比价关系来看，2011 年 4 月以来玉米价格已经高于小麦价格，小麦与玉米的价差已达到 150～200 元/吨，部分地区甚至达到 300 元/吨以上。玉米小麦比价倒挂，出现小麦替代玉米增多，小麦饲用消费和工业消费增多。自 2012 年 7 月开始，由于小麦价格的上涨，小麦/玉米比价开始回归，小麦价格已经超过玉米价格。小麦价格的上涨必然导致小麦饲用需求的减少。

2012/2013 年度小麦饲用量虽有所下降，但仍处于高位。据国家粮油信息中心预测，2012/2013 年度小麦饲用消费量将从上一年度的 2 600 万吨减少至 2 000 万吨。分析小麦饲用量

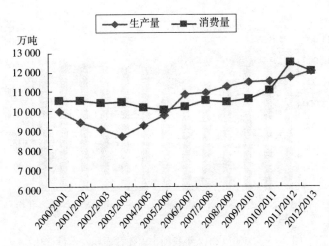

图 2-6　2000—2012 年中国小麦供需变化

数据来源：国家粮油信息中心。

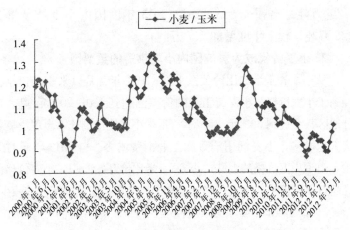

图 2-7　小麦玉米比价变动

数据来源：中华粮网（数据截止到 2012 年 12 月）。

下降的原因主要有：一是 10 月份以来小麦价格已经高于玉米价格；二是当前玉米水分低，质量好，价格具有优势；三是 9 月份以来蛋白粕价格大幅回落，蛋白粕亦是替代的选择。尽管如此，小麦替代玉米是一个长期性的问题，小麦饲用消费量的变化将成为改变国内小麦供需关系的一个重要因素。

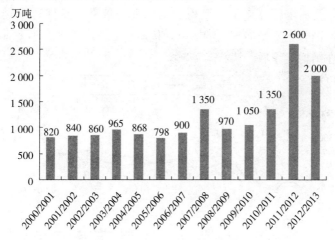

图 2 - 8　中国小麦饲用量的变化

数据来源：国家粮油信息中心。

（三）2012 年我国小麦市场分析

2012 年我国小麦市场呈现前半年平稳、后半年变化剧烈的态势，尤其是自 7 月以来出现快速上涨，9 月曾达到最高点 2 580 元/吨（山东批发价）。

长期以来我国小麦市场受政策调控影响，市场变化表现较为平稳，但为何在国内产量取得连续丰收的条件下，出现价格的明显上涨呢？分析原因如下：一是长期以来小麦价格低于玉米和稻米的价格，为小麦价格上涨提供空间，价格上涨具有纠正性和合理性；二是受国家最低收购价政策的影响，6 月份国内小麦市场由于新麦集中上市，价格一度下跌，达到国家最低收购价水平，各地小麦收购活动展开，使得价格快速回升，价格的频繁波动同时也暴露出我国粮食市场流通体制不够健全；三是进口小麦价格大幅上升，有利于刺激国内小麦看涨心理；四是受需求旺盛影响，制粉小麦原料需求进一步推升市场价格，同时小麦受赤霉病的影响，优质小麦供应偏紧，小麦供给存在结构性矛盾。

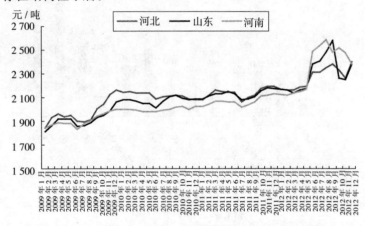

图 2 - 9　2009—2012 年中国小麦批发市场价格变化

数据来源：国家粮油信息中心。

（四）我国小麦贸易分析

1. 小麦贸易变动状况

2012 年小麦进口量大幅增长，出口量为零。据海关数据统计，2012 年 1—12 月我国共进口小麦 368.8 万吨，比 2012 年增长 195％。2012 年小麦进口量大幅增加的主要原因：一是 2012 年上半年国际小麦价格大幅下跌（图 2 - 10），5 月进口小

麦完税价跌至 2 337 元/吨，远低于国产优质小麦 2 720 元/吨
的价格，这给我国进口小麦提供了机遇；二是主要为了满足饲
用需求，其中美麦、加麦和澳大利亚饲料小麦占较大比例，其
中澳大利亚小麦占 69％，完税价不超过 2 400 元/吨，而南方
普通的饲料小麦进厂价也需要 2 300～2 350 元/吨，因此进口
小麦对于南方饲料、养殖企业来说具有较高的性价比。

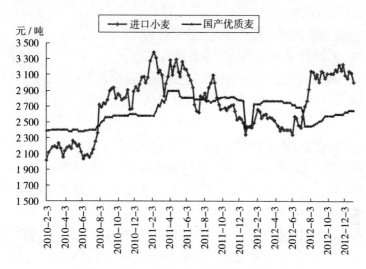

图 2-10　进口小麦与国产优质小麦价格对比

注：①进口小麦指美国硬红冬小麦进口到广东口岸后的完税价格，包括 1％
　　的关税、13％增值税和 80 元/吨的港口各种杂费，人民币汇率按近期
　　估算，不含贸易商利润。

　　②国产优质麦指国产优质小麦济南 17 在广东口岸的到港价格，含贸易
　　商利润。

数据来源：国家粮油信息中心。

2. 我国小麦贸易对小麦供需的影响

小麦进口量虽然增长较大，但相对于国内产量比例仍然较

小，因此较大的小麦进口对国内普通小麦的影响有限，主要对对后期国内优质小麦供需格局造成一定的影响，表现为：一是进口中大部分的澳大利亚小麦很大程度上弥补了国内对优质饲用小麦的需求；二是进口中相当数量的加麦和美麦满足了一些专用粉加工企业对进口优质麦的需求；三是增加了国内优质小麦的供给，减少了北方优质麦南下的数量，对"北粮南运"的格局有所改变。

（五）我国小麦产业调控政策分析

1. 2012 年我国小麦产业政策

为保护农民种粮积极性，进一步促进粮食生产发展，2012年国家继续在小麦主产区实行最低收购价政策，并适当提高2012 年最低收购价水平，2012 年生产的白小麦（三等）、红小麦和混合麦最低收购价均提高到每 50 千克 102 元，比 2011 年分别提高 7 元、9 元和 9 元。根据最低收购价执行预案，预案期间，以县为单位，当其小麦市场价格连续 3 天低于最低收购价时，由中国储备粮管理总公司各地分公司会同省级价格、粮食、农业、中国农业发展银行等有关部门核实确认后，报中储粮总公司批准在相关市县或全省范围内启动预案，并报国家有关部门备案。从 2012 年的小麦最低收购价启动情况看，安徽、江苏、湖北、河南等大多数小麦主产区均先后启动了小麦最低收购价执行预案，只有山东省由于小麦市场价格普遍高于国家规定的小麦最低收购价，未启动托市预案。自 2006 年以来，我国在小麦市场连续实施最低收购价执行预案，但近 4 年来，由于市场价高于国家制定的收购价格，小麦最低收购价执行预案并没有启动。

2. 我国小麦产业政策对小麦市场的影响及存在的问题

国家连续提高小麦最低收购价取得了明显的政策效果。一是促进小麦生产。连续提高最低收购价，引导市场粮价稳步上升，有效地调动了小麦生产积极性。据调查，在扩大种植面积或有意向扩大种植面积的被调查农户中，85％是因为粮价上涨。二是增加了农民种植小麦的现金收益。在提高小麦最低收购价政策带动下，小麦价格稳步上升，种粮收益逐年增加。据全国农产品成本调查，2004—2007年，农民种植粮食的现金收益相对稳定，2008年之后开始稳步提高，截至2011年，小麦平均每亩现金收益增加到459.95元，比2007年提高47.7％。三是稳定国内小麦市场价格。连续而有步骤地提高小麦最低收购价，有效地改变了粮价周期性的波动，为保障国内粮食供应和价格稳定，进而对稳定价格总水平发挥了积极作用。与近几年来国际小麦市场的大起大落相比，我国小麦市场保持了平稳上涨的态势；与其他粮食品种（如玉米、大豆、水稻）相比小麦市场价格也表现为较为平稳的上涨格局。

小麦最低收购价政策制定存在一定的问题，有其局限性。现行主要粮食品种最低收购价政策，主要是以成本为基础，按照弥补成本并有一定收益的原则确定的。然而以成本为基础制定粮食最低收购价已不能充分适应粮食生产和市场新形势的要求。由于进城务工收入保持了较快增速，按照当前的成本收益率，即使考虑了土地流转、户均耕地规模扩大因素，农民的种粮纯收入相当于在外务工净收入的比例也依然较低，很难调动种粮的积极性。同时，由于种粮效益明显低于第二、第三产业，特别是显著低于房地产开发的效益，地方政府和非农产业大量占用农业用地，特别是占用土地平整、肥沃的粮食用地。还有不少名义上为种粮，实际上用于种植花卉、苗木，进一步影响了粮食供应能力。

三、2013年世界及我国小麦市场及贸易形势展望

(一) 世界

从市场看，中长期内全球小麦供需维持紧平衡状态，偏紧的基本面令国际市场小麦价格将在相对高位波动较长时间。价格的回落寄托于全球主要小麦产区的丰收，气候因素依旧是导致市场出现极端走势的重要因素，一旦主产区出现较严重减产，价格便有快速拉升的可能。

从国际小麦贸易形势看，由于黑海地区出口的逐步衰竭，小麦出口份额将主要由美国、欧盟和澳大利亚提供。美国小麦正在逐步体现竞争力，目前美麦FOB报价为364美元/吨，低于法国、澳大利亚以及黑海地区。

(二) 中国

短期看，国内小麦市场受供求关系影响，将维持高位，但是长期看来受国家政策调控以及饲用需求量减少的影响，小麦市场将重新回归平稳运行的轨道。

对小麦替代量的估计：小麦替代量会随着小麦/玉米比价的提高有所降低，但替代的常态化趋势不会改变。目前看来，由于国内小麦在质量上存在结构性差异，质量较差的小麦只能降为饲料级，再加上小麦去库存化的需要，小麦替代玉米将不可避免。小麦替代的高峰会通过小麦价格的上涨与回落，达到一个新的平衡，预计2012/2013年度小麦替代量将低于2011/2012年度，但仍处于较高的水平。

关于国内小麦进出口，"进口不断增加、出口受到抑制"将是我国保障粮食安全的长期趋势，随着国际小麦价格的变

化，我国将适时增加小麦进口量来满足国内饲料企业以及面粉加工企业对优质麦的需求。

四、政策建议

1. 依靠科技提高小麦单产水平，立足保障国内供给

未来粮食产量的增加主要依靠单产水平的提高，这已成为必然的趋势。加快创新小麦科技研发体制机制，在优良品种繁育推广、优质高产栽培技术、加快推广测土配方施肥技术、病虫害综合防治技术、机械化生产等先进实用技术方面进行突破，注重研究与推广的结合，在各小麦优势主产区挖掘技术增产的潜力，努力提高国内生产水平，立足于保障国内供给。

2. 按照比较效益原则，逐步完善最低收购价政策

按照比较效益原则完善最低收购价政策的主要思路：一要进一步完善小麦等粮食成本调查体系，更准确地反映农民种粮实际成本。二要推动土地流转，逐步提高户均耕地面积，在适度规模经营的基础上提高比较效益。三要考虑到使种粮收入与进城务工收入大体相当，据调查目前种粮收入只相当于进城务工收入的 20%，当种粮收益达到进城务工收入的 80% 时，两者的比较效益大体相当。四要解决好因较大幅度提高最低收购价引起粮价上涨，造成居民生活成本提高的问题。较大幅度提高粮食最低收购价，引导市场粮价上行，将带动以粮食为原料的食品价格上涨，不可避免地将增加居民生活开支，对此需要通过增加居民收入和完善社会保障制度的办法予以解决，而不宜采取压低农产品价格的办法。

3. 完善小麦市场体制建设，促进小麦期货市场发展

2012 年 6 月，国内小麦市场曾经出现"价格悬崖"，即新产

小麦上市，小麦价格出现自由落体式的下跌，当小麦价格达到国家最低收购价水平，最低收购价小麦收购启动，价格又立即回升。类似这样的现象产生是由于国内小麦市场体制发育不健全，粮食收购市场还不成熟，扩大的流通规模与分散的市场经营不相适应。为此粮食流通体制改革还需进一步深化，要以保护种粮农民利益、规范收购市场秩序、提升国有粮食企业竞争力、培育发展粮食经纪人为重点，形成小麦收购主渠道与多渠道并举以及覆盖面广、方便农民售粮的收购服务体系。同时，要促进小麦期货市场的发展，通过发展农民合作组织和种粮大户等新型经营主体，并吸引其进入期货市场，成为期货市场参与主体，扩大小麦期货交易主体规模，从而促进小麦期货市场的发展。

4. 加强小麦仓储基础设施建设，建立现代化的粮食流通体系

长期以来，我国粮食流通基础设施建设相对滞后，在小麦主产区普遍存在：粮库设施条件较差、农户长期露天储粮，产后损失较大，且不能满足卫生安全的要求；缺乏仓储烘干设备和低温储备仓，造成收获的粮食因天气而发生霉变和成品粮的变质，2012 年黄淮海小麦主产区就发生了因天气导致大量小麦发生霉变，造成国内优质小麦供给短缺的情况。因此，要加强粮食仓储物流基础设施建设，建立现代粮食物流体系。一要在小麦等粮食主产区新建和改造一批粮食烘干设施，在大中城市建设一批成品粮低温储备仓，加强粮食仓储烘干设施建设。二要加大小麦等粮食仓房维修改造，在主产区基本消除长期露天储粮，改善农民储粮条件。三要继续实施农户科学储粮专项，减少粮食的产后损失，为全国 800 万农户配置标准化储粮装具，在粮食主产区开展种粮大户新型储粮设施建设试点。

第三章

玉米市场贸易及产业
政策研究

一、2012 年世界玉米供需、市场、贸易及政策变动分析

（一）世界玉米生产分析

2012/2013 年度全球玉米连续减产，其中美国减产幅度最大。据美国农业部 2013 年 1 月预测，2012/2013 年度世界玉米产量 8.523 亿吨，比 2011/2012 年度减少 3.54%，单产为 4.89 吨/公顷，比上一年度的 5.20 吨/公顷降低 6.14%。这是继 2010/2011 年度的第 2 年减产，主要是由于美国、巴西等主产国的减产而致，其中美国减产幅度最大。美国农业部预测，2012/2013 年度美国玉米生产量 2.724 3 亿吨，比 2011/2012 年度减少 13.2%，单产 7.67 吨/公顷，比上一年度的 9.24 吨/公顷减少 17%，美国玉米已连续 3 年减产，减产主要是天气灾害所致，而种植面积受玉米市场价格上涨的刺激每年大幅增加。

（二）世界玉米消费分析

玉米消费量比上年增长 1.18%，其中工业消费进一步压缩，饲用消费呈刚性增长，库存消费比继续下降，供需形势紧张。据美国农业部 2013 年 1 月预测，2012/2013 年度世界玉

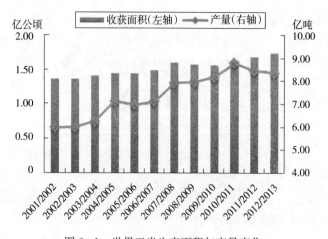

图 3-1　世界玉米生产面积与产量变化

数据来源：美国农业部。

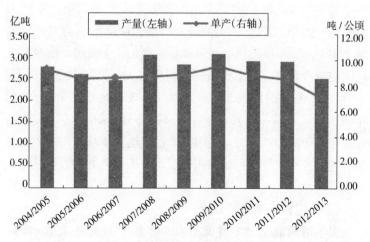

图 3-2　美国玉米产量与单产变化

数据来源：美国农业部。

米消费量 8.739 亿吨，比上一年度增长 1.18%，其中食用、种用和工业消费 3.521 亿吨，比 2011/2012 年度减少 1.35%；饲用消费 5.217 亿吨，比上一年度增长 2.96%。尽管消费需求不断压缩，但由于产量的大幅减少，美国农业部预测，2012/2013 年度库存消费比仅为 13.27%，比 2011/2012 年度的 15.26% 下跌 1.99 个百分点，远低于警戒线水平，供需形势依然严峻。美国玉米食用、种用和工业消费量 2012/2013 年度缩减 8.85%，据有关报道，美国目前已经有 12 家燃料乙醇工厂临时性停产，开始进口巴西甘蔗加工燃料乙醇，加工利润明显下降，燃料乙醇价格较汽油价格的价差已经缩窄。

全球玉米库存消费比维持低位、价格维持高位的结果：一是玉米绝对和相对种植收益暴增，美国、中国、阿根廷、乌克兰、巴西等主产国大幅扩种玉米；二是 2011 年夏天以来全球范围内的小麦替代增多，饲料谷物原料和产地日益多样化，美国玉米在全球饲料谷物供给和定价中的作用进一步被稀释。

(三)世界玉米市场分析

1. 国际玉米价格大幅波动，总体明显上涨

2012 年国际玉米价格受供给紧张的影响，持续高位运行，经历了自 2008 年 4 月以来的第二个高点，2012 年 7 月 CBOT 玉米报价 771.2 美分/蒲式耳，高于 2008 年 4 月的高点（619.4 美分/蒲式耳）和 2011 年 4 月的高点（756.4 美分/蒲式耳）。

2. 国际玉米价格与国际原油价格表现出较高的相关性

由于玉米越来越多地被用于生物燃料乙醇的生产，从图 3-4 可以看出，国际玉米价格与国际原油价格走势具有高度

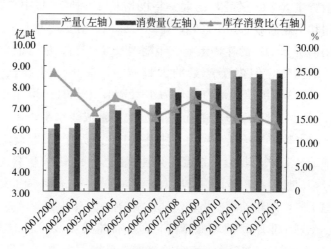

图 3-3　世界玉米供需形势变化

数据来源：美国农业部。

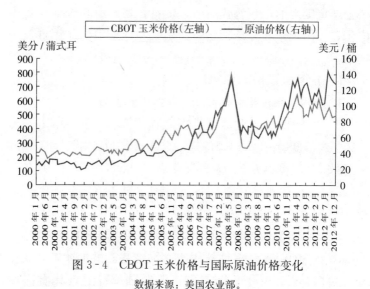

图 3-4　CBOT 玉米价格与国际原油价格变化

数据来源：美国农业部。

的相关性（相关系数达到 0.83 以上），从而表现出玉米越来越强的金融属性和政治属性。

(四) 世界玉米贸易分析

1. 世界玉米贸易的概况

世界玉米产量最多的 10 个国家或地区分别是美国、中国、巴西、欧盟、阿根廷、墨西哥、乌克兰、印度、南非和加拿大，2012 年 10 个主产国家或地区玉米总产量约占世界的 76.6%。其中，美国和中国的玉米产量合计约占世界总产量的 56.6%。在全球谷物贸易中，玉米贸易量仅次于小麦，居第 2 位。近年来中国玉米进口持续上升，至 2010 年中国玉米进口量跃居世界第 2 位。世界玉米贸易和中国玉米进口已成为人们关注的热点之一。目前，全球玉米贸易量已超过 9 000 万吨。世界玉米出口主要集中在少数几个生产大国，如美国、巴西、阿根廷和乌克兰等。美国是出口玉米最多的国家，2012 年出口量约占全球的 32.0%；此外，巴西、阿根廷、乌克兰出口量分别占 21.6%、18.0% 和 12.9%。全球进口玉米的国家主要集中在亚洲、非洲和中美洲。进口玉米较多的国家包括日本、中国、韩国、墨西哥、埃及以及印度尼西亚、马来西亚、菲律宾、中国台湾等东南亚国家和地区。日本进口量最大，2012 年进口量约占全球进口总量的 15.5%。

2. 2012 年世界玉米贸易的变化

玉米贸易量下降，出口格局发生变化。据美国农业部预测，2012/2013 年度世界玉米贸易量 9 704 万吨，预计比上一年度下降 5.9%，贸易量下降的主要原因是美国由于减产而降低出口量。世界玉米出口格局逐步发生变化，主要是美国玉米出口绝对数量和市场份额均下降，而巴西和乌克兰玉米出口量增长较快，阿根廷则表现较为稳定（图 3 - 5）。

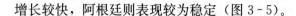

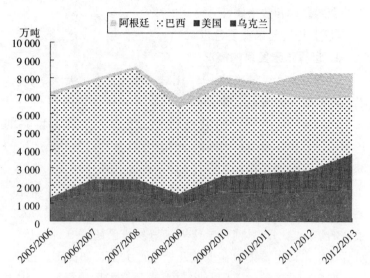

图 3 - 5 世界玉米主要出口国出口量的变化趋势

数据来源：美国农业部。

二、2012 年中国玉米供需、 市场、贸易及政策分析

（一）2012 年我国玉米生产分析

1. 2012 年玉米增产 8%，成为第一大粮食作物品种

据国家统计局的数据，2012 年全国玉米产量 20 812 万吨，增产 1 534 万吨，比 2011 年增产 8%，玉米产量超过稻谷产量 383 万吨，首次成为第一大粮食作物品种。黑龙江、吉林、安徽和内蒙古对全国粮食增产贡献率大，均归因于玉米产量的大幅增加。

2. 产量增加是玉米播种面积和单产共同增长的结果

我国玉米播种面积由 2000 年的 2 306 万公顷增长到 2012

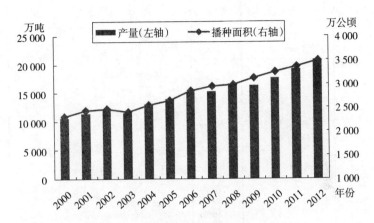

图 3-6　中国玉米播种面积与产量的变化

数据来源：国家粮油信息中心。

年的 3 495 万公顷，增长率 51.60%，年均增长率为 4.30%；玉米单产由 2000 年的 4.598 吨/公顷增长到 2012 年的 5.955 吨/公顷，单产提高了 29.60%，年均增长率为 2.46%；玉米产量由 2000 年的 1.06 亿吨，增长到 2012 年的 2.08 亿吨，玉米产量提高了 96.30%，年均增长率达到 8%（表 3-1）。

　　通过运用因素分析中的平均法计算得知，2000—2012 年中国玉米产量的提高是面积与单产共同作用的结果，其中面积增加的作用大于单产的作用。将 2000—2012 年分为 6 个时间段，分别计算各时间段播种面积与单产对产量增长的贡献量①及贡献率（表 3-2）。从表 3-2 可知，2000—2002 年、2002—

---

①　$\Delta \overline{A}_t = \dfrac{A_t - A_0}{2_!}(A_t + A_0)$，$\Delta \overline{B}_t = \dfrac{B_t - B_0}{2_!}(A_t + A_0)$

式中：A_t、A_0 分别表示报告期和基期的粮食播种面积；B_t、B_0 分别表示报告期和基期的粮食单位面积产量。

表 3 - 1 2000—2012 年中国玉米生产变化

单位：万公顷、吨/公顷、亿吨

年　份	2000	2001	2002	2003	2004	2005	2006	2007	2008	2009	2010	2011	2012
播种面积	2 305.6	2 428.2	2 463.4	2 406.8	2 544.5	2 635.8	2 846.3	2 947.8	2 986.4	3 118.3	3 250.0	3 354.2	3 494.9
产　量	1.060 01	1.140 94	1.213 10	1.158 30	1.302 89	1.393 72	1.516 03	1.523 00	1.659 17	1.639 74	1.772 45	1.927 81	2.081 30
单　产	4.60	4.70	4.92	4.81	5.12	5.29	5.33	5.17	5.56	5.26	5.45	5.75	5.96

数据来源：国家粮油信息中心。

表 3 - 2 面积与单产变化对玉米产量的贡献率比较

单位：万吨、万公顷、吨/公顷、%

年份	贡献量			贡献率		
	产量	面积	单产	产量	面积	单产
2000—2002	1 530.9	751.3	779.6	100.00	49.07	50.93
2002—2004	897.9	407.3	490.6	100.00	45.36	54.64
2004—2006	2 131.4	1 576.4	555.0	100.00	73.96	26.04
2006—2008	1 431.4	762.3	669.1	100.00	53.25	46.75
2008—2010	1 132.8	1 451.0	−318.2	100.00	128.09	−28.09
2010—2012	3 088.5	1 397.0	1 691.5	100.00	45.23	54.77
2000—2012	10 212.9	6 275.2	3 937.7	100.00	61.44	38.56

2004 年、2010—2012 年这 3 个时间段，单产对产量的贡献率大于面积对产量的贡献率；而其余 3 个时间段的单产对产量的贡献率小于面积对产量的贡献率，其中 2008—2010 年由于单产不增反减，单产的贡献率为负值；2000—2012 年整个时间段产量的提高主要是播种面积扩大的结果，其贡献率达到了 61.44％，而单产对产量提高的贡献率仅为 38.56％。

（二）2012 年我国玉米消费特征分析

1. 玉米消费总量保持刚性增长

我国玉米消费主要分为食用消费、饲料消费、工业消费和种用消费，其中主要以饲料消费和工业消费为主，食用消费和种用消费占比较小。近年来由于饲用消费和工业消费的增加，我国玉米消费总量始终呈刚性增长。饲料消费的增加是由于城镇化率的不断提高使得肉蛋奶消费增加，工业消费的增加是因为玉米被越来越多地用于各种与食品有关的生产。玉米消费量从 2000 年的 1.07 亿吨增长到了 2012 年的 2.055 亿吨，增长了 9 842 万吨，增长率达 92％，年均增长 7.66％。

2. 玉米消费结构发生显著变化

玉米消费总量保持刚性增长的同时，消费结构发生显著变化，呈现"饲用消费比例下降、工业消费比例增长"的格局。其中，饲用消费占总消费的比例由 2000/2001 年度的 70.4％下降到 2012/2013 年度的 57.3％；与此同时，工业消费占总消费的比例由 2000/2001 年度的 11.9％上升到 2011/2012 年度的 29.2％（图 3-7）。饲用消费的绝对数量增加而相对比例在减少，而工业消费的绝对数量和相对数量均快速增加，大有"工业与饲料争粮"之势。

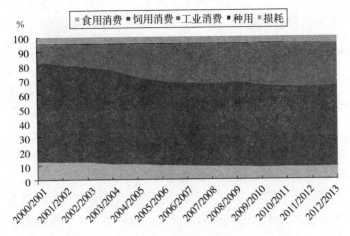

图 3-7　2000—2012 年中国玉米消费结构的变化

数据来源：国家粮油信息中心。

3. 玉米供求关系得到改善，但仍处于紧平衡

国家粮油信息中心预计 2012/2013 年度国内玉米消费量20 545 万吨，产量大于消费量 268 万吨，同时由于 2012 年玉米进口量的增加，2012 年国内玉米结余量增加，玉米供求关系得到改善，但是由于玉米消费量的增长幅度大于生产量的增长幅度，中国玉米供求仍维持一种紧平衡状态。

（三）2012 年我国玉米市场变化分析

2012 年国内玉米市场的变化与 2011 年相似，即呈现"以9 月份为拐点"的前涨后跌走势。变化的原因在于：1—9 月玉米产区、销区均价均上涨，从 2011 年年底到 2012 年 4 月，由于国家临时存储托市收购启动，华北玉米受品质影响无法大量上市，大量采购集中在东北玉米，造成粮源较为紧张，支撑价格的上涨；4—6 月份，受国内大量进口玉米以及华北玉米水分

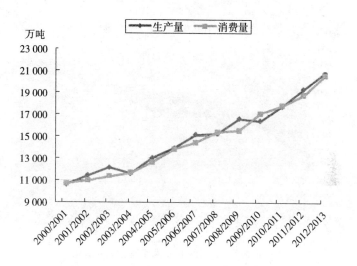

图 3-8　中国玉米供需形势变化

数据来源：国家粮油信息中心。

下降的影响，国内玉米价格一度趋稳回落；但 6 月以来，受美国玉米减产、国际玉米价格大涨的影响，国内玉米市场恢复上涨；10 月，受国内玉米丰产、新季玉米大量上市因素的影响，国内玉米价格出现下跌，11 月，国内玉米价格已低于小麦价格。

（四）我国玉米贸易变化分析

1. 我国玉米进出口格局的变化

在饲用消费量和工业消费量的二轮驱动下，国内玉米消费快速增长，为了保证国家饲料粮安全，我国玉米进出口格局发生了根本变化，由玉米净出口国变为净进口国。2010 年以前我国一直是玉米净出口国，目的国主要集中在东南亚国家，如韩国、马来西亚、日本、印度尼西亚和朝鲜，特别是 2000—2003 年，在国家鼓励玉米出口的情况下，玉米出口量大增

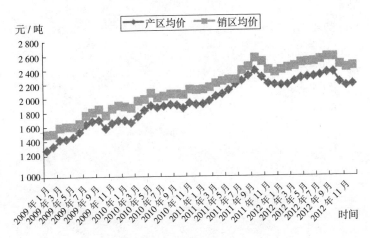

图 3-9　中国玉米产区和销区均价变化

数据来源：国家粮油信息中心（数据截止到 2012 年 12 月）。

（图 3-10）。根据中国海关统计，2000 年出口量达 1 047 万吨，2003 年达到 1 639 万吨的高峰，成为世界第二大玉米出口国。2006 年以来，由于国内玉米需求不断攀升，需求增长率大于生产增长率，供求关系发生逆转，2007 年我国玉米出口开始急剧下降，而进口逐年增加，至 2010 年我国玉米进口量激增达 157.2 万吨，同比增长 17.8 倍，改变了我国长期以来的玉米净出口状况，首次成为玉米净进口国。2011 年我国玉米进口量继续增加，达到 175.3 万吨，比 2010 年增加 11.5％。2012 年 1—12 月我国玉米进口量达到 520.7 万吨，其中从美国进口玉米 511.3 万吨，占全部进口量的 98.2％。

　　国内玉米进口量的变化主要取决于两方面的因素：一是国家政策性的进口。国家为了补充库存，增强宏观调控能力，增加进口量，对国内市场起到稳定作用。二是国内外价差的变化。从 2011 年 9 月下旬开始，受美国 CBOT 玉米价格回落的影响，2012 年 1—6 月进口玉米完税价格低于广东港口玉米价格，进口玉米价格已具有一定的价格优势，但后半年由于国际玉米价格的大幅上涨，进口玉米完税价又逐渐散失优势。

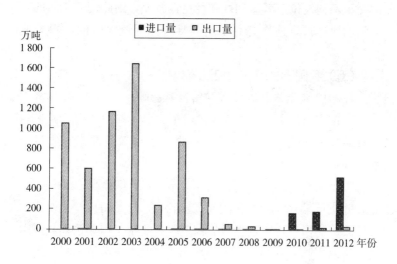

图 3-10　2000—2012 年中国玉米进出口量的变化

数据来源：中国海关。

2. 玉米贸易的变化对我国玉米产业的影响

我国玉米进口量的增加以及进口的常态化将对我国玉米产业的发展产生一定的影响，主要表现为：一是对国内玉米市场价格的抑制。进口玉米增加了国内供给，同时由于进口玉米的价格优势，因此必然对国内价格有抑制作用。二是对国内玉米流通格局的影响。目前我国玉米流通格局为"北粮南运"，即从北方玉米主产区向南方省市运输，运输成本成为增加玉米成本的因素，随着南方港口玉米进口量的增加，南方省市将会减少从北方购进玉米的数量，而北方玉米主产区，如辽宁、吉林，将会选择将玉米更多出口到韩国等国家。三是有利于促进国内饲料工业的优化。一定规模的玉米进口有利于大型饲料工业企业降低采购成本，中小型饲料工业企业在玉米国际采购方面处于不利地位，其盈利性和稳定性较差，因此饲料行业的整合将加速进行，这将有利于培养具有国际竞争力的饲料工业企业。

（五）我国玉米产业调控政策分析

1. 2012 年玉米临时收储政策及其影响

2012 年 11 月，国家继续在东北玉米三省一区实行玉米临时收储政策。临时存储玉米挂牌收购价格（国标三等质量标准）确定为：内蒙古、辽宁为 2.14 元/千克，吉林 2.12 元/千克，黑龙江 2.10 元/千克，价格均比 2011 年提高 0.14 元/千克，并实行敞开收购，收购期截止到 2013 年 4 月 30 日。临时收储政策的出台对市场形成底部支撑，稳定了市场预期，对国内价格的止跌回升起到了关键作用。同时由于政策水平上玉米比小麦、大豆、棉花更有优势，玉米种植效益好于其他作物，2012 年全国玉米播种面积继续增加。

2. 玉米深加工调控政策及其影响

2012 年 3 月，国家税务总局发布《关于部分玉米深加工产品增值税税率问题的公告》，决定自 5 月 1 日起，将玉米浆、玉米皮、玉米纤维和玉米蛋白粉不列入初级农产品，也不属于《财政部国家税务总局关于饲料产品免征增值税问题的通知》中免税饲料的范围，适用 17% 的增值税税率，比原来 13% 的税率提高 4 个百分点。4 月，财政部决定调整生物燃料乙醇补贴政策，2012 年以粮食为原料的燃料乙醇补助标准为 500 元/

吨，而以木薯等非粮作物为原料的燃料乙醇补助标准为750元/吨，中粮生物化学（安徽）股份有限公司等企业2012年以玉米为原料的燃料乙醇补助标准较2011年平均每吨减少了776元。国家对玉米深加工进行调控是出于保障国家粮食安全的考虑，目的是进一步抑制玉米深加工的消费需求。

三、2013年世界及我国玉米市场及贸易形势展望

（一）世界

展望2013年国际玉米市场，作为全球最大玉米生产国和出口国，美国玉米的供需状况将对国际玉米市场产生重要影响。玉米是美国产值最高的农作物，近几年来美国玉米种植面积连续增长，预计2013年玉米种植面积将达到历史最高，虽然去年干旱导致减产，但气候条件改善将推动玉米产量恢复增长。因此，短期看来，受美国玉米减产、供给不足等因素的影响，国际玉米市场将维持高位震荡态势；长期看来，由于玉米种植收益仍然较高，随着美国、中国玉米播种面积的扩大，如果不发生气候灾害，中美玉米产量压力很可能提前显现；再者，欧债危机的影响还在恶化，对玉米工业需求的抑制作用也将利空玉米市场。因此，2013年后半年国际玉米价格从高位回落的可能性较大。

对于玉米贸易而言，据美国农业部、国际谷物理事会和联合国粮食及农业组织预测，2013年世界玉米贸易量将继续下降，主要是由于主要进口国进口量的减少。

（二）中国

国内玉米市场仍将维持稳步上涨，但涨幅将受到国家调控

以及玉米产量的抑制。影响国内玉米市场的因素主要有：一是以国家临时收储政策的实施对市场底部的提升；二是玉米产量的增加以及进口量的增加，国内供给增加；三是国家通过对玉米深加工的政策调控，来抑制玉米的工业需求。

国内玉米进口量将会有所减少，但进口的常态化不会改变。这主要从两方面考虑：一是 2012 年我国进口玉米 520.7 万吨，已大幅超出上年进口总量，国内供需紧张局面得到有效缓解，在 2012 年我国玉米大幅增产的背景下，玉米进口量不会增加，或将有所降低。二是我国玉米进口主要来源国依然是美国，当前美国玉米的价格优势在减小，据 2012 年 12 月 28 日美国玉米市场的数据，2013 年 3 月交货的美国 2 号黄玉米的到港完税价为 2 572 元/吨，高出广东口岸的东北玉米报价 72 元。但随着后半年国际玉米价格的回落，我国可能大量进口玉米。

四、政策建议

1. 立足国内生产，依靠科技提高玉米单产

近年来我国玉米播种面积的增加大多是由大豆改种而来，因此未来播种面积增长的空间越来越小。未来依靠科技提高玉米单产是增加玉米产量的主要途径。中国的玉米单产平均为 5.35 吨/公顷，而美国为 9.68 吨/公顷，单产的提高具有很大的潜力，应大力促进科技创新，培育优质高产的玉米良种，并加强高产栽培技术的推广和示范。目前增产的主要限制因素是高产栽培技术的普及，要加强对农户种植技术的指导，加大良种配套技术的应用推广，增加地膜覆盖、测土配方施肥等增产技术补贴，进一步提高玉米产量。水利基

础设施落后是制约我国农业生产的瓶颈，据农业部测算，对于玉米而言，有灌溉条件的玉米单产是旱地单产的 1.47～1.53 倍，因此通过改善农田水利设施，扩大有效灌溉面积，有利于提高玉米产量。

2. 改变进口来源集中的局面，实施进口国家多元化战略

我国玉米进口主要依赖于美国。2011 年我国从美国进口玉米 168.5 万吨，占全部进口量的 96%，2012 年从美国进口玉米 511.3 万吨，占全部进口量的 98.2%。由于美国玉米连续 3 年减产，美国玉米出口绝对数量和市场份额均下降，因此出于对国家粮食安全的考虑，要改变现有的进口依赖几家主要的国际贸易商、玉米主要集中在美国一个国家的进口格局，实施进口国家多元化战略。应该尽量做到分散进口，尽快落实与阿根廷、南非等国家转基因玉米贸易协定和之间协定的协商工作，以分散市场风险。

3. 完善玉米临时收储政策，提高临时收储价格的增长幅度

农资价格的上涨降低了种粮的收益，影响农民种粮积极性，2012 年华北黄淮海玉米产区每千克玉米生产成本增加 0.10～0.12 元，东北产区生产成本增加更多，每千克增加约 0.28 元。而 2012 年国家玉米临时收储价格比 2011 年仅提高了 0.14 元/千克，增加部分仅仅能弥补成本的上涨部分，在东北地区甚至还远远不够，因此，建议国家在加强对市场的监测的同时，充分考虑农民的种植收益，适当提高临时收储价格的增长幅度。具体可从 3 个方面完善操作办法：一是进一步完善玉米生产成本调查体系，更准确地反映农民种植玉米的实际成本；二要推动土地流转，逐步提高户均耕地面积，在适度规模经营的基础上提高比较效益；三是考虑农民种粮收益与进城务工收益大体相当，据调查目前种粮收入只相当于进城务工收入的 20%，当种粮收益达到进城务工收入的 80%时，两者的比较效益大体相当。

第二篇

油料及食用油市场贸易及政策分析

第四章

2012 年大豆、豆油
市场发展形势分析与展望

一、2012 年世界大豆产业供需、
市场及政策变动特点

世界大豆供求及贸易量稳定增长，市场价格创历史新高。据美国农业部 2013 年 1 月份预测，2012 年世界大豆总供给量为 42 102.9 万吨，增长 4.81%，总需求量为 36 157.4 万吨，增长 4.31%，市场供大于求。库存消费比为 22.63%，同比有所上升。2012 年世界大豆市场价格整体走高，9 月份 CBOT 大豆创出 1 745.75 美分/蒲式耳历史新高。

（一）世界大豆生产特征分析

2012 年世界大豆种植面积和生产量增幅较大，均创历史新高。种植面积为 10 883.8 万公顷，同比增长 5.78%；单产为 2.48 吨/公顷，同比增长 6.9%。由于单产和种植面积的同时增加，全球大豆产量为 26 941.4 万吨，同比增长 16.86%。

世界大豆生产集中度较高，主要集中在美国、巴西、阿根廷、印度和中国等国家。2012 年上述 5 国大豆种植面积占全球大豆种植面积的 88.0%，除中国外，种植面积都呈增长趋势。上述 5 国大豆总产量占全球大豆产量的 90.1%。由于适

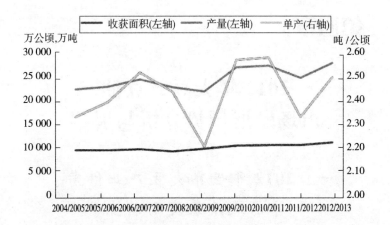

图 4-1　世界大豆收获面积、单产及产量

数据来源：美国农业部。

宜的自然条件和生产技术投入水平等因素影响，巴西超过美国，成为大豆种植单产最高的国家，2012 年为 3.0 吨/公顷，几乎是中国大豆单产量的 1 倍。

表 4-1　世界主要大豆生产国种植面积和单产变化情况

单位：万公顷，%，吨/公顷

国家	2008/ 2009	2009/ 2010	2010/ 2011	2011/ 2012	2012/ 2013	年度 变化	占总面 积比	单产
美国	3 022.2	3 090.7	3 100.3	2 985.6	3 079.8	3.16	28.3	2.66
巴西	2 170.0	2 350.0	2 420.0	2 500.0	2 750.0	10.00	25.3	3.00
阿根廷	1 600.0	1 860.0	1 830.0	1 757.7	1 950.0	10.94	17.9	2.77
印度	960.0	960.0	930.0	1 027.0	1 080.0	5.16	9.9	1.06
中国	913.0	919.0	852.0	789.0	720.0	−8.75	6.6	1.75
巴拉圭	252.5	268.0	287.1	295.7	310.0	4.84	2.8	2.50

（续）

国家	2008/ 2009	2009/ 2010	2010/ 2011	2011/ 2012	2012/ 2013	年度 变化	占总面 积比	单产
加拿大	119.5	141.2	150.5	155.1	168.0	8.32	1.5	2.93
玻利维亚	89.0	90.0	102.5	109.0	109.0	0.00	1.0	2.20
俄罗斯	70.9	79.2	103.6	118.0	130.0	10.17	1.2	1.38
印度尼西亚	62.0	53.0	47.0	45.0	45.0	0.00	0.4	1.38

数据来源：美国农业部。

（二）世界大豆消费特征分析

全球大豆消费量持续增长，2012 年大豆总消费量为 26 267.3 万吨，同比增长 2.53%。其中，压榨量为 23 244.1 万吨，同比增长 2.48%，占总消费量的 88.5%。食用消费量为 1 560.1 万吨，同比增长 1.52%，占总消费量的 5.9%。饲用消费和损耗量为 1 463.1 万吨，同比增长 4.34%，占总消费量的 5.6%。全球大豆库存消费比为 22.63%，比上年高 1.1 个百分点。

世界大豆消费也较为集中，主要集中在中国、美国、巴西和阿根廷等国。2012 年上述 4 国消费量占全球大豆消费总量的 76.3%。其中中国大豆消费量持续上升，2012 年大豆消费量为 7 350 万吨，占全球大豆消费量的 28.0%，同比增长 4.4%。欧盟和美国大豆消费量持续减少，2012 年美国大豆消费量为 4 693.5 万吨，占全球大豆消费量的 17.9%，同比减少 3.84%。

（三）世界大豆市场特征分析

2012 年世界大豆期现货市场价格都整体走高。8 月份美国一号黄大豆市场价格达到 656.7 美元/吨，同时 CBOT 期货市

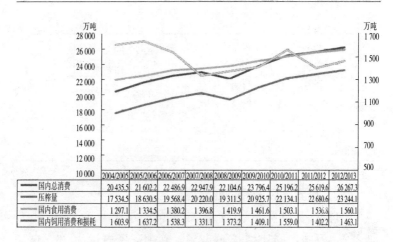

	2004/2005	2005/2006	2006/2007	2007/2008	2008/2009	2009/2010	2010/2011	2011/2012	2012/2013
国内总消费	20 435.5	21 602.2	22 486.9	22 947.9	22 104.6	23 796.4	25 196.2	25 619.6	26 267.3
压榨量	17 534.5	18 630.5	19 568.4	20 925.7	19 311.5	20 925.7	22 134.1	22 680.6	23 244.1
国内食用消费	1 297.1	1 334.5	1 380.2	1 396.8	1 419.9	1 461.6	1 503.1	1 536.8	1 560.1
国内饲用消费和损耗	1 603.9	1 637.2	1 538.3	1 331.1	1 373.2	1 409.1	1 559.0	1 402.2	1 463.1

图 4-2　世界大豆消费量变化情况

数据来源：美国农业部。

场也在 9 月份达到 1 745.8 美分/蒲式耳，均创历史新高。其库存消费比与上年相比有所增加，达到 22.63%，但低于近几年来的平均值。

表 4-2　世界大豆主要消费国变化情况

单位：万吨，%

国家	2008/2009	2009/2010	2010/2011	2011/2012	2012/2013	占世界总消费量比	年度变化
中国	5 121.0	5 970.0	6 515.0	7 040.0	7 350.0	28.0	4.40
美国	4 811.2	5 067.1	4 840.3	4 881.0	4 693.5	17.9	−3.84
巴西	3 466.8	3 660.0	3 933.0	4 003.8	4 010.0	15.3	0.15
阿根廷	3 282.3	3 572.4	3 921.3	3 750.4	3 985.1	15.2	6.26
欧盟	1 408.6	1 338.2	1 345.6	1 310.0	1 255.0	4.8	−4.20
印度	853.3	877.5	1 085.0	1 115.0	1 150.0	4.4	3.14
日本	365.7	365.5	320.9	299.9	292.0	1.1	−2.63

数据来源：美国农业部。

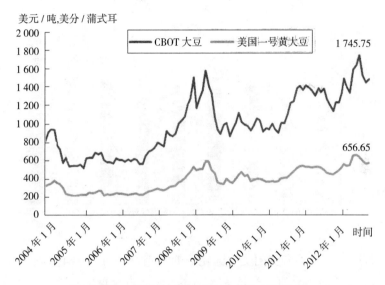

图 4-3　世界大豆期现货市场价格变化情况
数据来源：美国农业部。

二、2012 年世界豆油产业供需、市场及政策变动特点

（一）世界豆油生产特征分析

受消费需求和市场价格等因素的影响，全球豆油生产持续增长，据美国农业部 2013 年 1 月预测，2012 年世界豆油产量为 4 342.3 万吨，同比增加 2.40%。

世界豆油生产集中度较高，主要集中在中国、美国、阿根廷和印度等国家。2012 年上述 4 国生产量占全球豆油生产总量的 67.0%。其中中国豆油生产量持续上升，2012 年豆油生产量为 1 155.5 万吨，占全球大豆生产量的 26.6%，同比增长

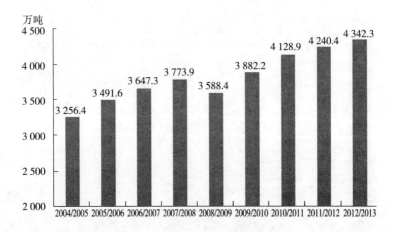

图 4 - 4　世界豆油生产量变化情况

5.05％。欧盟和美国受本国经济的影响，豆油产量有所减少，2012 年美国豆油生产量为 848.2 万吨，占全球大豆生产量的 19.5％，同比减少 5.27％。

表 4 - 3　世界豆油主产国（地区）产量变化情况

单位：万吨，％

国家	2008/ 2009	2009/ 2010	2010/ 2011	2011/ 2012	2012/ 2013	占世界产 量比重	年度 变化
美国	850.3	889.7	856.7	895.4	848.2	19.5	−5.27
阿根廷	591.4	647.6	718.1	683.9	730.0	16.8	6.74
欧盟	235.0	228.0	223.6	222.0	212.8	4.9	−4.14
中国	782.5	915.0	1 005.0	1 100.0	1 155.5	26.6	5.05
印度	128.4	132.0	167.5	171.0	176.5	4.1	3.22

数据来源：美国农业部。

（二）世界豆油消费特征分析

全球豆油消费量持续增长，2012 年豆油总消费量为

4 361.8万吨，同比增长4.54%。其中，食用消费量为3 500.7万吨，同比增长4.88%，占总消费量的80.7%。工业消费量为833.6万吨，同比增长3.19%，占总消费量的19.1%。饲用消费和损耗量为7.5万吨，占总消费量的0.2%。全球豆油库存消费比为7.48%，低于上年1.7百分点。

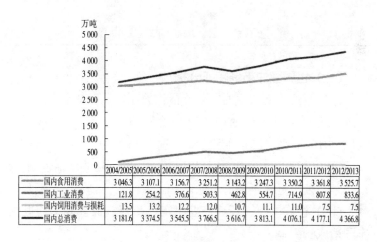

	2004/2005	2005/2006	2006/2007	2007/2008	2008/2009	2009/2010	2010/2011	2011/2012	2012/2013
国内食用消费	3 046.3	3 107.1	3 156.7	3 251.2	3 143.2	3 247.3	3 350.2	3 361.8	3 525.7
国内工业消费	121.8	254.2	376.6	503.3	462.8	554.7	714.9	807.8	833.6
国内饲用消费与损耗	13.5	13.2	12.2	12.0	10.7	11.1	11.0	7.5	7.5
国内总消费	3 181.6	3 374.5	3 545.5	3 766.5	3 616.7	3 813.1	4 076.1	4 177.1	4 366.8

图4-5 世界豆油消费量变化情况

数据来源：美国农业部。

与生产相同，世界豆油消费也较为集中，主要集中在中国、美国、巴西和阿根廷等国。2012年上述4国消费量占全球豆油消费总量的60.3%。其中中国豆油消费量持续上升，2012年豆油消费量为1 205.0万吨，占全球大豆消费量的27.6%，同比增长21.19%。美国豆油消费量有所减少，2012年美国豆油消费量为812.0万吨，占全球大豆消费量的18.6%，同比减少2.23%。

表 4-4　世界豆油主要消费国（地区）消费量变化情况

单位：万吨，%

国家	2008/2009	2009/2010	2010/2011	2011/2012	2012/2013	占总消费量比重	年度变化
美国	737.8	717.3	761.8	830.5	812.0	18.6	-2.23
阿根廷	142.0	191.5	252.0	307.0	312.0	7.1	1.63
中国	918.0	990.0	1 095.0	1 180.0	1 205.0	27.6	21.19
印度	230.0	276.0	264.0	275.0	305.0	7.0	10.91
欧盟	273.9	240.7	273.7	198.0	211.0	4.8	6.57

数据来源：美国农业部。

（三）世界豆油市场特征分析

世界原油价格和豆油期货价格相关性较强，基本变动趋势一致。2012 年世界豆油期货市场价格整体比上年有所降低，但比 2010 年高。2012 年 CBOT 期货市场豆油平均价格为 52.7 美分/磅，每磅低于上年 3.5 美分。其库存消费比为 7.48%，处于近几年来的新低。

（四）世界大豆、豆油产业供需、价格、贸易变动可能给中国造成的影响

世界大豆市场基本面还是主产区气候和世界整体经济形势的影响。2013 年全球气候可能影响大豆生产较小，大豆市场价格走势将更多受到宏观经济因素的影响。由于年初全球经济复苏势头良好，并且由于全球大豆库存处于较低位置，因此，大豆市场价格有望出现阶段性走强特征。由于大豆对外依存度高，故国际大豆和豆油市场价格波动对中国大豆和豆油市场影响较大。进口大豆到港价格和豆油现货价格基本上都与外盘走势基本一致。另外，国内方面对油脂油料的调控力度增强，国产大豆收购价格主要受到国家临时存储收购价格和定向销售等

美分/磅,美元/桶

图4-6　世界豆油和原油市场价格变化情况
数据来源：CBOT、美国原油期货市场。

的影响，走势相对独立，因此，国内大豆和豆油市场和国际有些差别。综合看来，2013年国内大豆和豆油将紧跟国际大豆和豆油期货市场价格走势而变化，预计将会呈现出高位宽幅动荡走势。

三、2012年中国大豆产业供需、市场及政策变动特点

（一）2012年我国大豆供求特征分析

2012年中国大豆种植面积同比下降较大，大豆产量同比也大幅度下滑。据国家粮油中心2013年1月份预测，2012年中国大豆播种面积为675万公顷，同比减少14.4%。大豆产量为1280万吨，同比减少11.6%，但中国大豆单产有所提

高，2012 年大豆单产为 1.9 吨/公顷，创历史新高。大豆种植面积下降，主要原因是产业间种植的不同作物相互比较效益发生了变化，近几年来，玉米、稻谷的种植经济效益明显高于大豆，造成了大豆种植面积的减少。

表 4-5　中国大豆市场综合平衡情况

单位：万吨，%

	2008/ 2009	2009/ 2010	2010/ 2011	2011/ 2012	2012/ 2013	年度 变化
生产量	1 554.5	1 498.1	1 508.3	1 448.5	1 280	−11.6
进口量	4 109.8	5 033.8	5 234.0	5 923.1	6 000	1.3
年度供给量	5 664.3	6 531.9	6 742.3	7 371.6	7 280	−1.2
种用量	71.1	70.0	65.0	60.0	50.0	−16.7
食用及工业 消费量	800.0	900.0	950.0	980.0	1 000.0	2.0
榨油消费量	4 250.0	5 000.0	5 500.0	6 000.0	6 300.0	5.0
国产大豆	150.0	400.0	400.0	400.0	400.0	0.0
进口大豆	4 100.0	4 600.0	5 000.0	5 600.0	5 900.0	5.4
年度国内消费量	5 121.0	5 970.0	6 515.0	7 040.0	7 350.0	4.4
出口量	40.0	18.4	19.0	27.5	20.0	−27.3
年度需求总量	5 161.0	5 988.4	6 534.0	7 067.5	7 370.0	4.3
年度结余量	503.3	543.5	208.5	304.1	−90.0	−129.6

数据来源：国家粮油信息中心。

中国大豆消费量持续保持增长态势，2012 年预计消费量达到 7 350 万吨，同比增长 4.4%。其中国产大豆为 400 万吨，占总消费量的 5.4%，进口大豆为 5 900 万吨，占总消费量的 94.6%。消费中主要是榨油消费，2012 年榨油消费量占总消费的 85.7%。2012 年中国大豆供小于求，年度缺口为 90 万吨，为近几年来所未有，也说明了该年中国大豆在连续多年的库存增加后，开始去库存化。

（二）2012 年我国大豆市场特征分析

2012 年中国大豆市场价格走势呈先扬后抑的态势。进口大豆和国产大豆现货价格受到外盘的影响，与外盘基本一致，整体上进口大豆价格要高于国产大豆，每吨平均高出 177 元。另外，国产大豆收购价格主要受到国家收储政策和世界大豆市场价格行情的影响，走势相对呈现独立。

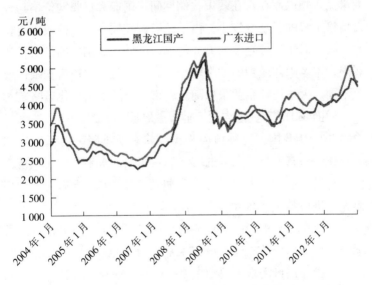

图 4-7　国产和进口大豆市场价格变化情况

数据来源：国家粮油信息中心。

（三）2012 年我国大豆产业调控政策特征分析

由于国内整体物价涨幅不是过高，豆油等食用油价格涨幅也有限，故 2012 年国家对油籽油料的调控力度不是太大，没有采取 2011 年的定向销售和限价政策，但也采取了大豆临时收储和拍卖政策，政策方面对国内大豆市场价格走势影响较小。在国产大豆种植面积和产量下降的背景下，国家继续提高大豆临时收储低价，以保护农民利益。

2012 年年初至 4 月底的临储收购期限内，国产大豆收购价格维持在 4 000 元/吨的托市价上下浮动，10 月份后维持在 4 600 元/吨上下浮动，5—10 月份的政策空白期间，国产大豆价格紧跟外盘上涨，由于进口大豆相对缺乏竞争力，国产大豆大量流入临储库存，在政策收储期间，国产大豆收购价格与外盘价格走势的联动性较小。由于政府调控较小，调控效果也相对有限。对于压榨企业的大豆需求，临储大豆拍卖的供给增加有限，市场因此受到的冲击较小。另外，与定向销售和限价政策不同，大豆压榨企业采取随行就市的产品价格变化策略。

(四) 2013 年我国大豆产业发展展望

2013 年我国大豆种植面积预计将有所下降。由于玉米和大豆比价一直上行，大豆的劣势比较明显，玉米种植面积挤占大豆将继续扩大，大豆种植面积将比 2012 年有所减少。2013 年大豆进口数量可能继续增加，但豆油的进口量可能有所减少。主要是因为中国的大豆消费和加工能力进一步上升，而且国产大豆大部分被收储，进口大豆的成本也比国内大豆稍低，因而会增加进口需求。豆油主要是因政策性补库对进口的影响较大，如果政策性进口减少，那么 2013 年中国豆油进口量将会出现下滑。

市场方面，由于国产大豆库存的增加，库存量可能处于 800 万吨以上的历史高位，这对大豆后期的价格将产生较大抑制。豆油价格也受制于高库存，其上涨阻力较大。一般来看，临储大豆的收购价格就是市场的最低价格，但由于受到国内油脂高库存和消费疲软的影响，豆油价格上行压力较大，但也会紧随国际市场价格走势而变动。

第五章

2012 年花生、花生油市场
发展形势分析与展望

一、2012 年世界花生产业供需、
市场及政策变动特点

世界花生供求及贸易量稳定增长，市场价格创历史新高。据美国农业部 2013 年 1 月预测，2012 年世界花生总供给量为 4 022.6 万吨，增长 2.05%，总需求量为 3 806.1 万吨，增长 0.15%，市场供大于求。库存消费比为 6.11%，同比有所上升。2012 年世界花生市场价格整体走高，4 月份中国河北花生创出 12 922 元/吨的历史新高。

（一）世界花生生产特征分析

2012 年世界花生种植面积略有减少，但由于花生单产的持续提高，生产量也有所增长，单产和总产量均创历史新高。种植面积为 2 083.8 万公顷，同比减少 0.06%；单产为 1.76 吨/公顷，同比增长 4.14%；全球花生产量为 3 669.4 万吨，同比增长 3.98%。

世界花生生产集中度较高，主要集中在印度、中国、尼日利亚、苏丹和塞内加尔等国家。2012 年上述 5 国花生种植面积占全球花生种植面积的 62.1%，除印度，种植面积都呈增长趋势。中国是花生种植单产最高的国家，远高于世界其他国

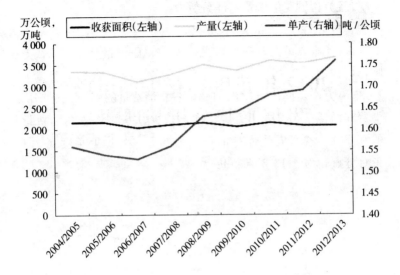

图 5 - 1 世界花生收获面积、单产及产量

数据来源：美国农业部。

家的单产，2012年为3.4吨/公顷，是印度和塞内加尔花生单产量的近3倍，因此，中国也是世界花生产量第一大国。

表 5 - 1 世界主要花生生产国种植面积和单产变化情况

单位：万公顷，%，吨/公顷

国家	2008/ 2009	2009/ 2010	2010/ 2011	2011/ 2012	2012/ 2013	年度变化	单产
印度	640.0	530.0	600.0	530.0	500.0	-6	1.00
中国	424.6	437.7	452.7	465.0	470.0	1	3.40
尼日利亚	124.5	124.5	124.5	124.5	124.5	0	1.24
苏丹	100.0	100.0	100.0	100.0	100.0	0	0.85
塞内加尔	83.7	106.0	100.0	100.0	100.0	0	1.00

数据来源：美国农业部。

（二）世界花生消费特征分析

全球花生消费量持续增长，2012 年花生总消费量为 3 544.3 万吨，同比增长 1.29％。其中，压榨量为 1 616.2 万吨，同比增长 2.28％，占总消费量的 45.6％。食用消费量为 1 685.0 万吨，同比增长 0.64％，占总消费量的 47.5％。饲用消费和损耗量为 243.1 万吨，同比减少 0.68％，占总消费量的 0.69％。全球花生库存消费比为 6.11％，比上年度高 2.1 个百分点，为近 10 年来新高。

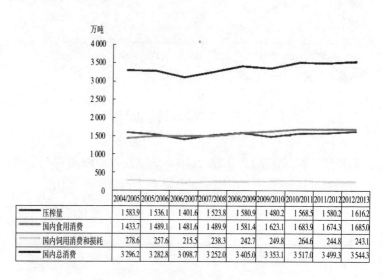

	2004/2005	2005/2006	2006/2007	2007/2008	2008/2009	2009/2010	2010/2011	2011/2012	2012/2013
压榨量	1 583.9	1 536.1	1 401.6	1 523.8	1 580.9	1 480.2	1 568.5	1 580.2	1 616.2
国内食用消费	1 433.7	1 489.1	1 481.6	1 489.9	1 581.4	1 623.1	1 683.9	1 674.3	1 685.0
国内饲用消费和损耗	278.6	257.6	215.5	238.3	242.7	249.8	264.6	244.8	243.1
国内总消费	3 296.2	3 282.8	3 098.7	3 252.0	3 405.0	3 353.1	3 517.0	3 499.3	3 544.3

图 5 - 2　世界花生消费量变化情况

数据来源：美国农业部。

世界花生消费也较为集中，主要集中在中国、印度、美国和尼日利亚等国。2012 年上述 4 国花生消费量占全球花生消费总量的 67.4％。其中，中国花生消费量与上年度基本持平，2012 年花生消费量为 1 575.0 万吨，占全球花生消费总量的

44.4%，遥遥领先于其他国家和地区，这与中国的饮食习惯和对食用油的认知度有关。印度和美国花生消费量有所增加，2012 年美国花生消费量为 197.2 万吨，占全球花生消费量的 5.56%，同比增加 12.0%。

表 5 - 2　世界花生主要消费国变化情况

单位：万吨，%

国家（地区）	2008/2009	2009/2010	2010/2011	2011/2012	2012/2013	占世界总消费量的比重	年度变化
中国	1 363.0	1 415.0	1 521.0	1 574.0	1 575.0	44.44	0.00
印度	583.0	452.0	492.0	452.5	459.0	12.95	1.44
美国	155.3	157.6	178.2	176.1	197.2	5.56	11.98
尼日利亚	155.8	155.8	155.8	155.8	155.8	4.40	0.00
欧盟	69.8	71.2	72.0	66.4	67.2	1.90	1.20

数据来源：美国农业部。

（三）世界花生市场特征分析

2012 年世界花生现货市场价格整体走高。4 月份中国河北花生市场价格达到 12 922 元/吨，创历史新高。其库存消费比与上年度相比有所增加，达到 6.11%，创近 10 年来新高。

二、2012 年世界花生油产业供需、市场及政策变动特点

（一）世界花生油生产特征分析

受消费需求和市场价格等的影响，全球花生油生产持续增长，据美国农业部 2013 年 1 月预测，2012 年世界花生油产量为 517.7 万吨，同比增加 2.35%。

世界花生油生产集中度较高，主要集中在中国和印度等国

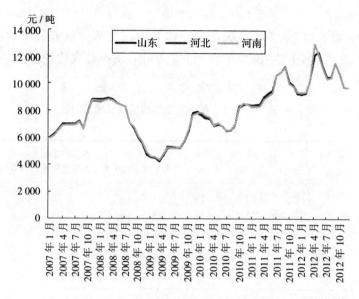

图 5-3　世界花生现货市场价格变化情况

数据来源：美国农业部。

家。2012 年上述两国花生油生产量占全球花生油生产总量的 68.5%。其中，中国花生油生产量有所减少，2012 年花生油生产量为 235.6 万吨，占全球花生油生产总量的 45.5%，同比减少 0.01%。印度花生油生产量有所增加，2012 年美国花生油生产量为 119.0 万吨，占全球花生油生产总量的 23.0%，同比增加 2.15%。

（二）世界花生油消费特征分析

全球花生油消费量持续增长，2012 年花生油总消费量为 516.4 万吨，同比增长 2.10%。其中，食用消费量为 514.4 万吨，同比增长 2.10%，占总消费量的 99.6%。工业消费量为 1.1 万吨，与上年度持平，占总消费量的 0.02%。饲用消费和

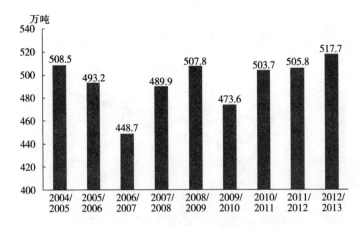

图 5-4 世界花生油生产量变化情况

数据来源：美国农业部。

损耗量为 0.9 万吨，占总消费量的 0.02%。全球花生油库存消费比为 1.47%，低于上年度 0.3 百分点，创近 10 年来新低，也大大低于其他油脂库存消费比值。

表 5-3 世界花生油主产国（地区）产量变化情况

单位：万吨，%

国家	2008/ 2009	2009/ 2010	2010/ 2011	2011/ 2012	2012/ 2013	占世界总产量的比重	年度变化
中国	204.8	214.8	234.7	238.1	235.6	45.51	−0.01
印度	154.5	116.5	130.0	116.5	119.0	22.99	2.15

数据来源：美国农业部。

与生产相同，世界花生油消费也较为集中，主要集中在中国和印度等国。2012 年上述两国消费量占全球花生油消费总量的 70.9%。其中，中国花生油消费量持续上升，2012 年花生油消费量为 245.0 万吨，占全球花生油消费总量的 47.4%，

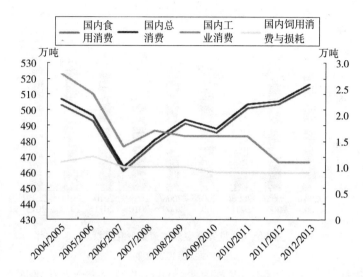

图5-5 世界花生油消费量变化情况

数据来源：美国农业部。

同比增长 2.08％。2012 年印度花生油消费量为 121.0 万吨，占全球花生油消费总量的 23.4％，同比减少 4.31％。

表5-4 世界花生油主要消费国（地区）产量变化情况

单位：万吨，％

国家	2008/ 2009	2009/ 2010	2010/ 2011	2011/ 2012	2012/ 2013	占总消费 量的比重	年度 变化
中国	184.0	195.0	230.0	240.0	245.0	47.44	2.08
印度	145.5	132.0	125.6	116.0	121.0	23.43	4.31

数据来源：美国农业部。

（三）世界花生油市场特征分析

2012 年世界花生油现货市场价格整体比上年度有所上升，2012 年中国花生油现货市场平均价格为 19 727 元/吨，每吨高于上年度2 659元。其库存消费比为1.47%，处于近几年来的新低。

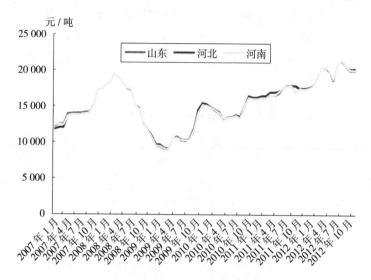

图5-6　世界花生油市场价格变化情况

数据来源：美国农业部。

三、2012 年中国花生、花生油 产业供需及变动特点

（一）2012年中国花生供求特征分析

2012年中国花生种植面积和产量都有增长。2012年中国花生播种面积为460万公顷，同比增加0.4%。据国家粮油中心2013年1月预测，2012年花生产量为1 620万吨，同比增加0.96%。花生种植面积增加，主要原因是中国花生市场价格一直较高，农民种植收益较好。

中国花生消费量持续保持增长态势，2012年预计消费量达到1 575.0万吨，同比增长0.06%。其中，食用消费量为

740.0万吨，占总消费量的47.01％。榨油消费量为748.0万吨，占总消费量的48.03％。种用及其他消费为78万吨，占总消费量的4.96％。花生消费中主要是国产花生，进口花生很少。2012年中国花生供大于求，年度结余量预计为5万吨，比上年度有所提高。

表5-5　中国花生市场综合平衡情况

单位：万吨,％

国　　家	2007/2008	2008/2009	2009/2010	2010/2011	2011/2012	2012/2013	年度变化
生产量	1 302.7	1 428.6	1 470.8	1 564.4	1 604.6	1 620.0	0.96
进口量	0.2	0.2	1.4	7.5	8.0	10.0	25.00
年度供给量	1 302.9	1 428.8	1 472.2	1 571.9	1 612.6	1 630.0	1.08
食用消费量	600.0	630.0	650.0	690.0	730.0	740.0	1.37
榨油消费量	570.0	650.0	682.0	745.0	756.0	748.0	−1.06
国产	570.0	650.0	680.0	740.0	750.0	740.0	−1.33
进口	0.0	0.0	2.0	5.0	6.0	8.0	33.33
种用	61.0	63.0	65.0	67.0	68.0	67.0	−1.47
损耗及其他	20.0	20.0	18.0	19.0	20.0	20.0	0.00
年度国内消费	1 251.0	1 363.0	1 415.0	1 521.0	1 574.0	1 575.0	0.06
出口量	55.0	60.0	50.0	45.0	50.0	50.0	0.00
年度需求总量	1 306.0	1 423.0	1 465.0	1 566.0	1 624.0	1 625.0	0.06
年度结余量	−3.1	5.8	7.2	5.9	−11.4	5.0	−143.86

数据来源：国家粮油信息中心。

（二）2012年中国花生油供求特征分析

2012年中国花生油生产量略有降低，但消费量保持增长态势。2012年中国花生油产量为235.6万吨，同比减少

1.05%。消费量为 245.0 万吨，同比增加 2.08%。进出口量都较少，年度结余量大幅度减少，同比减少 229.4%，呈现出供小于求的格局。

2012 年，中国花生油价格整体呈上扬态势，主要原因是原料价格持续上升，花生油的生产成本不断被抬高，另外，加工厂也在不断地抬高出厂价，市场上对花生油的认可度较高，导致花生油价格居高不下，与其他食用油市场价格走势有所不同。

表 5 - 6　中国花生油市场综合平衡情况

单位：万吨，%

	2008/2009	2009/2010	2010/2011	2011/2012	2012/2013	年度变化
生产量	204.8	214.8	234.7	238.1	235.6	-1.05
进口量	2.0	4.8	6.8	6.2	6.0	-3.23
年度供给量	206.7	219.6	241.5	244.3	241.6	-1.11
食用消费量	184.0	195.0	230.0	240.0	245.0	2.08
年度国内消费	184.0	195.0	230.0	240.0	245.0	2.08
出口量	1.0	0.9	1.0	0.9	1.0	11.11
年度需求总量	185.0	195.0	231.0	240.9	246.0	2.12
年度结余量	21.7	23.7	10.5	3.4	-4.4	-229.41

数据来源：国家粮油信息中心。

（三）2013 年中国花生及花生油产业发展展望

2013 年中国花生种植面积和产量预计将继续保持增长态势。由于各花生主产省在推广良种种植面积，预计总产量和种植面积都将增长。另外，花生种植户也因近年来的花生市场行情而看好其生产收益，从而增加花生生产，但长期看，花生种植面积大幅度增加的可能性也不大,总产量的增长还需要技术及管理水平的提高。2013 年花生供求将基本持平,不会发生大的变化,因此其市场价格的变化也不会出现较大波幅。预计2013 年的花生油市场整体运行平稳。花生油自给率较高,受国际市场影响较小,所占市场份额也较小,其市场变化稍有独特性,因近年来的花生成本升高,花生油的市场价格也难以下调,但因大豆油和棕榈油等较大市场占比的食用油市场与其有一定的替代性,故其市场价格走高的压力也一直存在。

第六章

2012年油菜籽、菜籽油市场发展形势分析与展望

一、2012年世界油菜籽产业供需、市场及政策变动特点

2012年世界油菜籽总供求都有所下降，贸易量也大幅度下滑，市场价格整体高于上一年。据美国农业部2013年1月预测，2012年世界油菜籽总供给量为7 528.2万吨，减少7.7%，总需求量为7 247.8万吨，减少5.23%，市场供大于求。库存消费比为4.56%，同比大幅度下滑。2012年加拿大油菜籽市场平均价格为596.7加元/吨，高于2011年的560.4加元/吨。

（一）世界油菜籽生产特征分析

2012年世界油菜籽种植面积略有增长，种植面积为3 468.9万公顷，同比增长1.65%；单产出现了大幅度下滑，为1.71吨/公顷，同比下降5.52%。因此，全球油菜籽产量出现了减少，为5 925.9万吨，同比减少3.84%。主要是加拿大及澳大利亚油菜籽产量下降所造成的。

世界油菜籽生产集中度较高，主要集中在加拿大、澳大利亚、印度和中国等国家。2012年上述4国油菜籽种植面积占全球油菜籽种植总面积的71.5%，除印度和加拿大外，其他

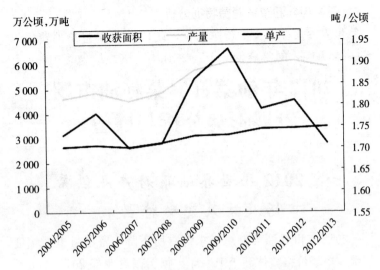

图 6-1　世界油菜籽收获面积、单产及产量

数据来源：美国农业部。

主要种植国家或地区的种植面积都有所减少。欧盟 27 国的油菜籽单产水平较高，中国油菜籽的单产水平比加拿大和澳大利亚略高，为 1.8 吨/公顷，高于印度近 1 倍。

表 6-1　世界主要油菜籽生产国种植面积和单产变化情况

单位：万公顷，%，吨/公顷

国家	2008/ 2009	2009/ 2010	2010/ 2011	2011/ 2012	2012/ 2013	年度 变化	占总种植 面积的比重	单产
印度	660.0	645.0	725.0	670.0	700.0	4.48	20.2	0.96
中国	659.4	727.8	737.0	734.7	700.0	−4.72	20.2	1.80
欧盟 27 国	618.2	651.6	698.6	663.4	610.0	−8.05	17.6	3.08
加拿大	649.6	651.6	685.8	758.9	858.5	13.12	24.7	1.55
澳大利亚	169.3	169.5	207.8	245.4	220.6	−10.11	6.4	1.25

数据来源：美国农业部。

（二）世界油菜籽消费特征分析

世界油菜籽消费量持续增长，2012年油菜籽总消费量为6 151.5万吨，同比减少3.16%。其中，压榨量为5 916.4万吨，同比减少2.74%，占总消费量的96.2%。食用消费量为58万吨，同比增长3.57%，占总消费量的0.9%。饲用消费和损耗量为177.1万吨，同比减少16.9%，占总消费量的2.9%。世界油菜籽库存消费比为4.56%，低于上年度3.5个百分点。

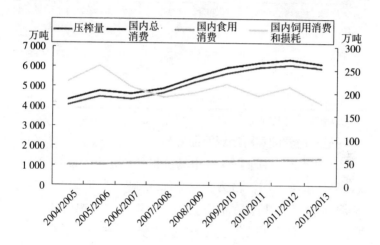

图6-2 世界油菜籽消费量变化情况

数据来源：美国农业部。

世界油菜籽消费也较为集中，主要集中在中国、加拿大、日本和欧盟等国家和地区。2012年中国、加拿大和欧盟的消费量占全球油菜籽消费总量的72.5%。2012年，除欧盟之外，几个油菜籽主要消费国的消费量都出现了下滑，其中，2012年中国油菜籽消费量为1 518万吨，占全球油菜籽消费总量的

24.7%，同比减少 2.06%；加拿大油菜籽消费量为 682.5 万吨，占全球油菜籽消费总量的 11.1%，同比减少 6.55%；欧盟油菜籽消费量为 2 260 万吨，占全球油菜籽消费总量的 36.7%，同比增加 0.6%。

表 6-2　世界油菜籽主要消费国变化情况

单位：万吨,%

国家 (地区)	2008/ 2009	2009/ 2010	2010/ 2011	2011/ 2012	2012/ 2013	占世界总 消费量的比重	年度 变化
加拿大	438.5	501.0	639.6	730.3	682.5	11.1	−6.55
中国	1 360.0	1 702.0	1 431.0	1 550.0	1 518.0	24.7	−2.06
澳大利亚	66.5	72.9	73.0	77.9	71.0	1.2	−8.86
日本	218.5	228.2	234.6	237.2	203.5	3.3	−14.21
欧盟	2 137.3	2 353.6	2 315.9	2 246.5	2 260.0	36.7	0.60

数据来源：美国农业部。

(三)世界油菜籽市场特征分析

2012 年世界油菜籽现货市场价格整体走高。2012 年加拿大油菜籽市场平均价格为 596.7 加元/吨，高于 2011 年度的 560.4 加元/吨。其库存消费比与上年度相比大幅度减少，达到 4.56%，低于近几年来的平均值 1 倍多。

二、2012 年世界菜籽油产业供需、市场及政策变动特点

(一)世界菜籽油生产特征分析

受消费需求和市场价格等的影响，全球菜籽油生产有所减少，据美国农业部 2013 年 1 月预测，2012 年世界菜籽油产量为 2 350.2 万吨，同比减少 3.26%。

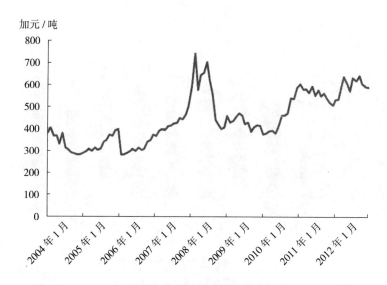

图 6-3 加拿大油菜籽现货市场价格变化情况

数据来源：美国农业部。

世界菜籽油生产集中度较高，主要集中在中国、美国、加拿大、印度和欧盟等国家和地区。2012 年上述 5 国和地区菜籽油生产量占全球菜籽油生产总量的 90.0%。其中，美国和欧盟菜籽油生产量持续上升，2012 年美国菜籽油生产量为163.3 万吨，占全球菜籽油生产总量的 6.9%，同比增长9.45%；欧盟菜籽油生产量为 905.9 万吨，占全球菜籽油生产总量的 38.5%，同比增长 0.88%。2012 年加拿大、印度和中国的菜籽油生产有所减少，其中加拿大菜籽油生产量为 292.0万吨，占全球菜籽油生产总量的 12.4%，同比减少 6.62%；中国菜籽油生产量为 526.6 万吨，占全球菜籽油生产总量的22.4%，同比减少 1.23%；印度菜籽油生产量为 227.0 万吨，

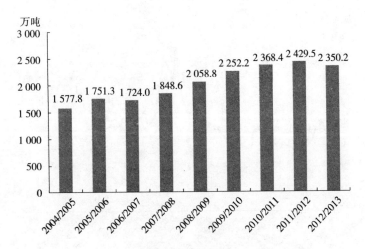

图 6-4　世界菜籽油生产量变化情况

数据来源：美国农业部。

占全球菜籽油生产总量的 9.7%，同比减少 1.73%。

表 6-3　世界菜籽油主产国（地区）产量变化情况

单位：万吨,%

国家 （地区）	2008/ 2009	2009/ 2010	2010/ 2011	2011/ 2012	2012/ 2013	占世界生产 总量的比重	年度 变化
加拿大	183.9	210.7	276.8	312.7	292.0	12.4	−6.62
印度	205.8	208.0	257.5	231.0	227.0	9.7	−1.73
美国	105.0	106.7	142.1	149.2	163.3	6.9	9.45
欧盟	847.2	937.0	925.8	898.0	905.9	38.5	0.88
中国	465.6	589.9	487.6	533.4	526.8	22.4	−1.23

数据来源：美国农业部。

（二）世界菜籽油消费特征分析

全球菜籽油消费量有所减少，2012 年菜籽油总消费量为

2 369.4万吨，同比减少0.17％。其中，食用消费量为1 651.3万吨，同比增长0.87％，占总消费量的69.7％；工业消费量为717.5万吨，同比减少2.49％，占总消费量的30.3％；饲用消费和损耗量为0.6万吨，占总消费量的0.03％。全球菜籽油库存消费比为5.52％，低于上年度1.7百分点。

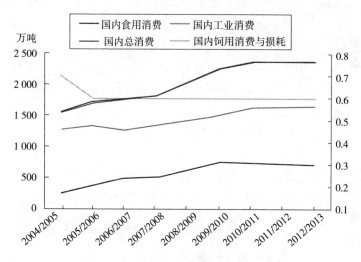

图6-5　世界菜籽油消费量变化情况

数据来源：美国农业部。

与生产相同，世界菜籽油消费也较为集中，主要集中在中国、美国、印度、加拿大和欧盟等国家和地区。2012年上述国家和地区消费量占全球菜籽油消费总量的83.1％。其中，中国菜籽油消费量基本与上年度持平，2012年菜籽油消费量为660.0万吨，占全球菜籽油消费总量的23.2％；美国菜籽油消费量为198.9万吨，占全球菜籽油消费总量的8.4％，同比增长12.4％；2012年欧盟菜籽油消费量为924.5万吨，占全球菜籽油消费总量的 39.0%，同比减少 0.61%。

表 6-4　世界菜籽油主要消费国（地区）消费量变化情况

单位：万吨，%

国家（地区）	2008/2009	2009/2010	2010/2011	2011/2012	2012/2013	占消费总量的比重	年度变化
加拿大	43.4	49.7	52.3	60.2	50.0	2.1	−16.94
印度	209.9	207.6	230.0	242.5	245.0	10.3	1.03
美国	128.4	129.6	166.5	176.9	198.9	8.4	12.44
中国	420.0	450.0	550.0	550.0	550.0	23.2	0.00
欧盟	867.9	992.5	965.7	930.2	924.5	39.0	−0.61

数据来源：美国农业部。

（三）世界菜籽油市场特征分析

2012 年世界菜籽油市场价格整体处于高位运行。主要原因是全球油菜籽产量增速慢于需求量的增长，另外，也与中国菜籽油进口同比快速增加和大豆减产的预期等影响有关。

三、2012 年中国油菜籽产业供需、市场及政策变动特点

（一）2012 年中国油菜籽供求特征分析

2012 年中国油菜籽种植面积和产量均同比有所下滑。据国家粮油中心 2013 年 1 月预测，2012 年中国油菜籽播种面积为 10 575 万亩，连续 3 年下滑，同比减少 4.0%。油菜籽产量为 1 220.0 万吨，同比减少 9.1%，油菜籽单产与上年基本持平，2012 年油菜籽单产为 121 千克/亩。油菜籽种植面积下降，主要原因是油菜籽的种植比较效益低，加之劳动力用工多，被小麦挤占较大。另外，2012 年主产区的气候情况不太

有利于油菜的生长，质量也有所降低，故油菜籽的总产量出现下滑。

中国油菜籽消费量也呈下降趋势，2012年预计消费量达到1 518万吨，同比减少2.1%。其中，国产油菜籽为1 150万吨，占总消费量的75.8%，进口油菜籽为300万吨，占总消费量的19.8%。消费中主要是榨油消费，2012年榨油消费量占总消费量的95.5%。2012年中国油菜籽供大于求，年度结余量为2万吨，比上年度有所减少，也说明了该年度中国油菜籽开始去库存化。

表6-5 中国油菜籽市场综合平衡情况

单位：万吨，%

	2008/ 2009	2009/ 2010	2010/ 2011	2011/ 2012	2012/ 2013	年度变化
生产量	1 210.2	1 365.7	1 308.2	1 342.6	1 220.0	−9.1
进口量	201.8	267.4	127.7	220.1	300.0	36.3
年度供给量	1 412.0	1 633.1	1 435.9	1 562.7	1 520.0	−2.7
榨油消费量	1 290.0	1 630.0	1 360.0	1 480.0	1 450.0	−2.0
国产油菜籽	1 100.0	1 350.0	1 240.0	1 280.0	1 150.0	−10.2
进口油菜籽	190.0	280.0	120.0	200.0	300.0	50.0
种用及损耗量	70.0	72.0	71.0	70.0	68.0	−2.9
年度国内消费	1 360.0	1 702.0	1 431.0	1 550.0	1 518.0	−2.1
出口量	0.0	0.0	0.0	0.0	0.0	0.0
年度需求总量	1 360.0	1 702.0	1 431.0	1 550.0	1 518.0	−2.1
年度结余量	52.0	−68.9	4.9	12.7	2.0	−84.3

数据来源：国家粮油信息中心。

（二）2012年中国油菜籽市场特征分析

2012年中国油菜籽价格处于高位运行，在10月份回落到托市价后才平稳运行。其主要原因是 2012 年国家再次提高油菜籽的临储价格，从 2011 年的 4 600 元/吨上升到 5 000 元/吨，另外，主产区的油菜籽大幅度减产，并且生产成本日益高涨。

（三）2012 年中国油菜籽产业调控政策特征分析

2012 年国家为保护农民种植油菜籽收益，继续出台了油菜籽临时收储政策。2012 年 6 月，临时收储开始，四级油菜籽收购价格为 1.24 元/千克。计划收购 400 多万吨，但只完成了 377 万吨。其特征是大幅度提高托市收购价，2012 年为 5 000 元/吨，较 2011 年高出 8.7%；另外，临时收储政策出台的时间比上年晚了近半月，收购进度有所放慢。

（四）2013 年中国油菜籽产业发展展望

2013 年中国油菜籽种植面积和总产量预计将有所提高。由于进口油菜籽优势比较明显，菜籽油行业国际竞争力弱，预计 2013 年油菜籽进口量将会有所增加，也成为支撑国际油菜籽市场价格的重要因素。

四、2012 年中国菜籽油产业供需、市场及政策变动特点

（一）2012 年中国菜籽油供求特征分析

2012 年中国菜籽油总供给大于总需求，菜籽油产量预计为 526.8 万吨，同比减少 1.2%。进口量大幅度增加，2012 年预计进口 100 万吨，同比增加 48.4%，菜籽油的出口还是较少，仅为 0.4 万吨，与上年度持平。2012 年结余量为 76.4 万吨，同比增长 51.7%。

表6-6 中国菜籽油市场综合平衡情况

单位：万吨，%

	2008/2009	2009/2010	2010/2011	2011/2012	2012/2013	年度变化
生产量	465.6	589.9	487.6	533.4	526.8	−1.2
进口量	38.9	54.4	96.4	67.4	100.0	48.4
年度供给量	504.4	644.3	584.0	600.8	626.8	4.3
年度国内消费	420.0	450.0	550.0	550.0	550.0	0.0
出口量	1.0	0.5	0.4	0.4	0.4	0.0
年度需求总量	421.0	450.5	550.4	550.4	550.4	0.0
年度结余量	83.4	193.8	33.6	50.4	76.4	51.6

数据来源：国家粮油信息中心。

（二）2012年中国菜籽油市场特征分析

2012年中国菜籽油市场价格走势呈逐步走高的态势。菜籽油价格主要集中为9 800～11 300元/吨，比2011年平均每吨高出611元。其主要原因是在油菜籽托市收购政策支持下，国内菜籽油走势表现强于豆油和棕榈油，与二者之间的价差逐步扩大，另外，因临储价格的预期看涨，生产企业出厂价格也有所提高，此外，对国际市场行情看涨的预期也影响了国内菜籽油的市场价格。

（三）2013年中国菜籽油产业发展展望

2013年，预计中国将继续出台油菜籽临时收储政策，并继续提高收购价格，进而推高菜籽油期现货市场价格，因而，政策市较强。

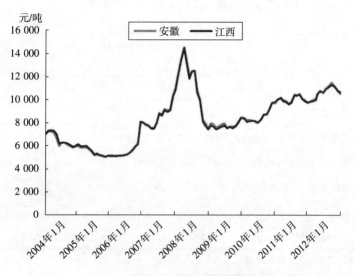

图 6-6 油菜油市场价格变化情况

数据来源：国家粮油信息中心。

第七章

食用油籽及食用油
贸易变动分析

一、食用油籽

（一）贸易概况

2012 年，中国食用油籽贸易额继续增长，主要呈现以下特点：一是进口量自去年减少以来又呈快速增长。全年食用油籽进口量 6 227.6 万吨，比上年增加 746.3 万吨，增幅 13.6%，其中大豆和油菜籽进口量均快速增加。二是出口量也快速增长。出口食用油籽 100.6 万吨，比上年增长 10.4%，其中大豆和葵花籽等出口增加，花生和芥子出口减少。三是价格上升，进出口额均高于上年。食用油籽进口额 376.8 亿美元，比上年增加 62.0 亿美元，增长 19.7%；出口额 17.0 亿美元，增长 18.2%。四是食用油籽进口额占农产品进口总额的比重较上年有所下降，为 21.4%，是中国主要的进口农产品之一。

1. 产品结构变动

2012 年，大豆、油菜籽和芝麻仍为中国主要进口食用油籽产品，这 3 个产品进口量都有所增加；主要出口产品中，大豆和葵花籽出口增加，花生出口减少。

（1）主要进口产品

大豆。2012 年中国进口大豆 5 838.1 万吨，比上年增加

574.7 万吨，增幅 10.9％。由于价格上涨，大豆进口额 349.3 亿美元，比上年增加 50.9 亿美元，增幅 17.0％。

油菜籽。2012 年进口油菜籽 292.9 万吨，比上年增加 166.7 万吨，增幅 132.1％。油菜籽进口额 19.6 亿美元，比上年增加 11.6 亿美元，增幅 144.0％。

芝麻。进口量在去年同比减少的情况下，2012 年进口量略有增加。芝麻进口量 39.6 万吨，同比增长 1.6％，进口额 5.2 亿美元，增长 0.4％（表 7 - 1）。

表 7 - 1   2012 年中国以进口为主的食用油籽品种贸易情况

单位：万吨，亿美元，%

产品	进口量	出口量	净进口量	净进口量比上年增长	进口额	出口额	净进口额	净进口额比上年增长
食用油籽	6 227.6	100.6	6 127	13.7	376.9	17.0	359.9	20.0
大豆	5 838.1	32.1	5 806	10.8	349.3	2.8	346.5	16.7
油菜籽	292.9	33.5	259.4	105.5	19.6	0.0	19.6	145.0
芝麻	39.6	4.0	35.6	0.6	5.2	0.8	4.4	10.0

数据来源：中国海关。

（2）主要出口产品

花生。花生是中国传统的油料出口产品，主要出口花生仁及花生制品。2003 年以来，受进口国技术保护措施不断增加等因素的影响，中国花生出口量总体呈下降趋势，2012 年花生出口量为 45.1 万吨，比上年减少 7.5％，为 1999 年以来的最低值。由于价格上涨，花生出口额达 10.5 亿美元，增长 10.9％。

大豆。出口一直较少，2012 年出口大豆 32.1 万吨，比上年增长 50.0%；出口额 2.8 亿美元，增长 68.4%。

葵花籽。出口继续增加，创历史最高纪录，达到 18.4 万吨，比上年增长 8.6%，出口额 2.7 亿美元，增长 11.7%（表7-2）。

表 7-2　2012 年中国以出口为主的食用油籽品种贸易情况

单位：万吨，亿美元，%

产品	出口量	进口量	净出口量	净出口量比上年增长	出口额	进口额	净出口额	净出口额比上年增长
花生	45.1	2.5	42.6	−12.7	10.5	0.4	10.1	12.2
葵花籽	18.4	0.3	18.1	9.7	2.7	0.4	2.3	15.0

数据来源：中国海关。

2. 区域结构变动

中国食用油籽进口来源地相对集中。

大豆。主要从美国、巴西和阿根廷 3 国进口。从美国进口 2 597.0 万吨，比上年增长 16.8%，占中国大豆进口总量的 44.5%；从巴西进口 2 389.0 万吨，增长 15.9%，是历史最高年，占进口总量的 40.9%；从阿根廷进口 589.6 万吨，减少 24.8%，占进口总量的 10.1%。

油菜籽。从加拿大进口 292.1 万吨，比上年增加 133.7%，占中国油菜籽进口总量的 99.7%。

芝麻。进口来源地较多，主要来自非洲和亚洲国家。从埃塞俄比亚进口 19 万吨，比上年减少 18.0%，占中国芝麻进口总量的 47.8%；从苏丹进口 2.1 万吨，占进口总量的 5.4%。还有部分来自坦桑尼亚、马里、莫桑比克、印度和尼日利亚等国家（表 7-3）。

表 7 - 3　2012 年中国主要食用油籽品种进口来源地

单位:%

大豆		油菜籽		芝麻	
进　口来源地	占进口总量的比重	进　口来源地	占进口总量的比重	进　口来源地	占进口总量的比重
美国	44.5	加拿大	99.7	埃塞俄比亚	47.8
巴西	40.9	蒙古	0.3	坦桑尼亚	16.2
阿根廷	10.1			苏丹	5.4
合计	95.5	合计	100.0	合计	69.4

数据来源:中国海关。

　　花生。主要出口亚洲及欧洲国家。其中,日本一直是中国最大的花生出口市场,2012 年对日本出口花生 7.0 万吨,比上年略有降低,占花生出口总量的 15.7%;对韩国出口 3.3 万吨,也略低于上年,占 7.3%;另外,对西班牙、荷兰的出口都在 2 万吨以上。

　　大豆。2012 年主要出口到韩国、美国和日本等国家。对韩国出口增加,对日本出口减少。其中,对韩国出口 13.3 万吨,比上年增加 30.2%,占大豆出口总量的 41.5%;对美国出口 9.1 万吨,增加 433.1%,占出口总量的 28.4%;对日本出口 4.2 万吨,比上年减少 0.98%,是 1993 年以来的最低水平,占出口总量的 13.2%。

　　葵花籽。出口市场较为分散。居中国葵花籽出口市场前 3 位的国家依次是埃及、越南和阿拉伯联合酋长国,出口量分别为 6.8 万吨、2.3 万吨和 1.6 万吨(表 7 - 4)。

表 7 - 4　2012 年中国主要食用油籽品种出口市场

单位:%

花生		大豆		葵花籽	
出口市场	占出口总量的比重	出口市场	占出口总量的比重	出口市场	占出口总量的比重
日本	15.7	韩国	41.5	埃及	37.0
韩国	7.3	美国	28.4	越南	12.5
西班牙	6.8	日本	13.2	阿拉伯联合酋长国	8.6
荷兰	6.5	朝鲜	6.0	伊朗	8.2
俄罗斯	1.8	加拿大	3.3	德国	4.2
合计	38.1	合计	92.4	合计	70.5

数据来源:中国海关。

3. 价格变动

2012 年中国食用油籽平均进出口价格高于上年。中国作为全球主要的食用油籽进口国,进口价格与国际价格变动总体一致。2012 年全球食用油籽消费继续增长,产量与上年持平,库存消费比降低,供给偏紧,全年国际食用油籽价格总体高位运行。

进口价格。2012 年中国主要进口食用油籽产品价格均上涨。其中,大豆价格涨幅最高,达 5.3%;油菜籽价格上涨 4.5%。从月度价格变化看,10 月大豆最高进口价格为每吨 692 美元,比 2 月（年内最低价）每吨高 176 美元,波动幅度为 34.1%(图 7-1)。

出口价格。2012 年花生、大豆、葵花籽和油菜籽的出口价格均有上涨。其中,油菜籽涨幅最大,较上年上涨 12.3%;葵花籽涨幅最小,为 3.0%(表 7-5)。

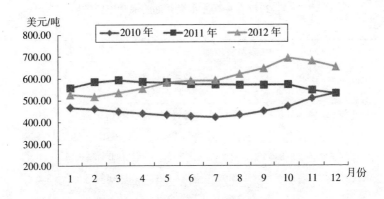

图 7 - 1   2010—2012 年大豆月度进口价格

数据来源：中国海关。

表 7 - 5   2012 年中国主要食用油籽品种进出口价格

单位：美元/吨，%

产品	进口平均价格	比上年增长	出口平均价格	比上年增长
大豆	597	5.3	874	11.2
油菜籽	666	4.5	2 228	12.3
芝麻	1 323	−1.0	2 138	1.6
花生	1 120	9.9	2 351	20.1
葵花籽	12 376	0.9	1 487	3.0

数据来源：中国海关。

4. 自给率变动

由于主产区大豆种植比较收益低，农户改种玉米等效益较高的作物，2012 年中国大豆种植面积继续下降。据农业部调查，中国大豆种植面积在 1.0 亿亩左右，比上年减少 14.4%。中国大豆产量 1 280 万吨左右，比上年减少 11.6%。国家统计局数据显示，2012 年全国油料种植面积 2.07 亿亩，减少 100

万亩，但由于油料单产的提高，油料产量达 3 476 万吨，增产 5.1%，实现连续 5 年增产，再创历史新高。因此，2012 年中国食用油籽净进口量 6 128 万吨。按 $\dfrac{\text{当年生产总量}}{\text{当年生产总量}+\text{当年净进口量}} \times 100\%$ 计算，中国食用油籽自给率为 36.2%，与上年基本持平。

（二）影响因素

压榨企业利润回升导致大豆进口增加。与去年油厂压榨利润普遍亏损相比，今年压榨企业利润明显好转，主要是因为美国大豆和国产大豆价格上升，豆粕和豆油价格都有明显的涨幅。数据显示，今年进口大豆数量同比增长 10.9%。企业压榨利润回升，大豆需求疲软的局面将会改变，大豆进口还将继续保持增长趋势。

国际价格较高抑制油菜籽进口。进口油菜籽到港完税价格高于国内油菜籽价格，抑制了中国油菜籽进口。2012 年 1—12 月，加拿大油菜籽到中国口岸的完税价格均高于国内油菜籽价格，月度价格平均每吨价差为 216 元，因此油菜籽进口量较小。

二、食 用 油

（一）贸易概况

2012 年中国食用植物油进口一改连续两年减少的局面，进口量和进口额大幅度增加，出口量和出口额均减少。分品种看，棕榈油（含棕榈硬脂）、豆油和菜籽油进口量均增加，仅玉米油进口量下降。全年进口食用植物油 960.2 万吨，比上年

增加 180.4 万吨, 增幅 23.1%, 创历史新高; 进口额 108.0
亿美元, 增加 18.0 亿美元, 增幅 20.0%, 也创历史新高。出
口食用植物油 10.1 万吨, 减少 2.3 万吨, 减幅 18.7%; 出口
额 1.8 亿美元, 减少 14.6%。净进口食用植物油 950.1 万吨,
增加 23.8%; 贸易逆差 106.2 亿美元, 增长 18.3%。

1. 产品结构变动

进口的主要食用植物油产品是棕榈油、豆油和菜籽油, 3
者进口量合计占中国食用植物油进口总量的 97.3%。主要食
用植物油出口产品是豆油、玉米油和花生油, 3 者出口量合计
占中国食用植物油出口总量的 84.8%（图 7-2）。

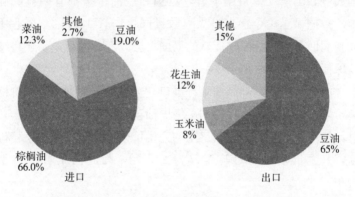

图 7-2 2012 年中国食用植物油进出口产品结构

数据来源: 中国海关。

（1）主要进口产品

棕榈油。2012 年棕榈油进口增加。进口 634.2 万吨, 比
上年增加 42.9 万吨, 增幅 7.3%; 进口额 65.0 亿美元, 减少
1.3 亿美元, 减幅 2.0%。

豆油。进口量 5 年来首次增加。进口 182.6 万吨, 比上年

增加 68.2 万吨，上升 59.7%；进口额 22.8 亿美元，增长 71.8%。

菜籽油。进口 117.6 万吨，比上年上升 113.6%；进口额 15.1 亿美元，上升 128.4%（图 7-3）。

花生油。近两年花生油进口增长较快，连续 3 年进口量均在 6 万吨以上，均是 2009 年进口量的 3 倍以上。尽管花生油进口量所占比重较小，但进口增幅较大，应值得注意。

（2）主要出口产品

豆油。2012 年出口 6.5 万吨，比上年上升 28.0%；出口额 1.0 亿美元，增长 33.4%。

玉米油。出口 1.2 万吨，减少 76.2%；出口额 0.2 亿美元，减少 75.2%。

花生油。出口 0.8 万吨，减少 5.6%；出口额 0.3 亿美元，增长 19.1%（表 7-6）。

表 7-6　2012 年中国主要食用植物油品种进出口情况

单位：万吨，亿美元，%

产品	进口量	出口量	净进口量	净进口量比上年增长	进口额	出口额	净进口额	净进口额比上年增长
食用植物油	960.2	10.1	950.1	23.9	108.0	1.8	106.2	20.7
棕榈油	634.1	0.1	634	7.3	65.0	0.0	65	-1.5
豆油	182.6	6.5	176.1	61.6	22.8	1.0	21.8	81.7
菜籽油	117.7	0.7	117	112.7	15.2	0.1	15.1	115.7
花生油	6.4	0.8	5.6	12.0	1.5	0.3	1.2	20.0

数据来源：中国海关。

2. 区域结构变动

中国食用植物油进口较为集中，2012 年进口来源地按进口量大小依次为马来西亚、印度尼西亚、加拿大、巴西、阿根

廷和美国。出口市场主要在亚洲，依次为朝鲜、中国香港、新

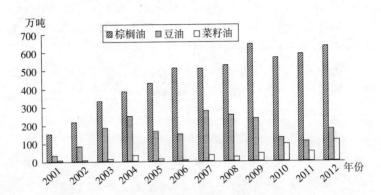

图 7 - 3　2001 年以来中国主要食用植物油品种进口变化

数据来源：中国海关。

加坡和日本等国家和地区（图 7 - 4）。

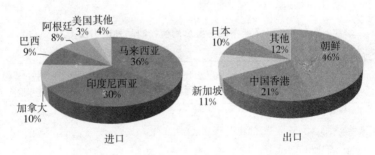

图 7 - 4　2012 年中国食用植物油进口来源地和出口市场结构

数据来源：中国海关。

（1）进口来源地

棕榈油。2012 年从马来西亚进口 343 万吨，比上年减少
9.2%，占中国棕榈油进口总量的 54.1%；从印度尼西亚进口
287.2 万吨，增加 35.6，占进口总量的 45.3%。

豆油。从巴西和阿根廷进口量增加，从美国进口减少。从巴西进口 91.3 万吨，比上年增加 82.4%，占中国豆油进口总量的 50.0%；从阿根廷进口 70.2 万吨，增加 70.1%，占 38.5%；从美国进口 20.7 万吨，减少 9.3%，占 11.3%。

菜籽油。从加拿大进口 98.8 万吨，比上年增加 88.2%，占中国菜籽油进口总量的 84%；从美国进口 2.2 万吨，增加 53.4%，占 2.0%（表 7 - 7）。

花生油。主要从阿根廷和印度进口，自两国进口量均在 2 万吨以上，二者合计占花生油进口总量的 71.7%。

表 7 - 7 2012 年中国主要食用植物油品种进口来源地

单位：%

棕榈油		豆油		菜籽油	
进 口来源地	占进口总量的比重	进 口来源地	占进口总量的比重	进 口来源地	占进口总量的比重
马来西亚	54.1	巴西	50.0	加拿大	84.0
印度尼西亚	45.3	阿根廷	38.5	阿拉伯联合酋长国	8.0
印度	0.5	美国	11.3	荷兰	3.6
合计	99.9	合计	99.8	合计	95.6

数据来源：中国海关。

（2）出口市场

中国食用植物油出口量较小，出口国别较多。

豆油。出口集中在周边国家和地区。2012 年对朝鲜、日本、新加坡和中国香港分别出口 4.6 万吨、0.9 万吨、0.5 万吨和 0.4 万吨，分别占出口总量的 70.5%、14.0%、8.1% 和 6.1%。

玉米油。出口市场年度间变化较大。居中国玉米油出口市场前 3 位的依次是中国香港、新加坡和马来西亚，分别出口

3 934.4吨、3 032.9吨和1 857.3吨，分别占出口总量的32.8%、25.3%和15.5%。

花生油。主要输出市场是中国香港，对其输出量为6 501.3吨，占中国花生油出口总量的78.8%。

3. 价格变动

2012年中国食用植物油进口价格较上年有所降低，而出口价格有所上升。其中，进口量最大的棕榈油进口价格下降8.2%；豆油、菜籽油和花生油的进口价格分别上升8.3%、7.1%和41.0%（表7-8）。中国食用植物油贸易价格变动主要受国际价格影响。2012年全球食用植物油供大于求，库存消费比上升。据美国农业部2012年12月预计，2012/2013年度全球主要油脂的库存消费比为14.6%，比上年度高0.5个百分点，2012年国际食用油籽价格总体低位运行。

从棕榈油的月度进口价格变化看，2012年价格总体低位运行，月度间变化大于上年。6月进口价格最高，为每吨1 126.6美元，比12月（年内最低价格）每吨高243美元，波动幅度为27.5%，低于上年14.8%的波动幅度（图7-5）。

表7-8　2012年中国主要食用植物油进出口价格

单位：美元/吨，%

产品	进口平均价格	年度间变化	出口平均价格	年度间变化
棕榈油	1 026.9	−8.2	1 591.0	26.6
豆油	1 244.1	8.3	1 538.0	13.3
菜籽油	1 286.2	7.1	2 180.1	26.9
花生油	2 310.7	41.0	3 823.1	30.8

（二）影响因素

价格优势使得棕榈油进口增加。由于棕榈油相对于豆油等

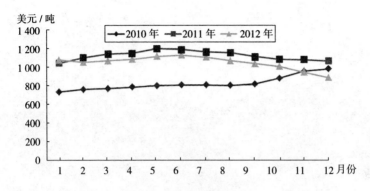

图 7-5 2010—2012 年中国棕榈油月度进口价格

数据来源：国家粮油信息中心。

其他品种的价格优势明显，加上 2006 年取消进口配额，近年来中国棕榈油进口量快速增长，成为中国主要的食用植物油进口产品，2012 年进口量占食用植物油进口总量的 66.1%。2012 年棕榈油进口量增加的主要原因是价格优势，全年棕榈油进口价格均低于豆油进口价格，其中 12 月价差最大，为每吨 368 美元。

从阿根廷进口豆油有所增加，但仍处于低位。去年，因为 2010 年自阿根廷进口的毛豆油许可证需按新要求重新申请，许可证的发放工作由原来各地省级商务机关统一收归商务部。同时，因为来自阿根廷的进口大豆毛油溶剂残留水平不符合中国检验检疫标准要求，导致 2011 年进口大幅下降。2012 年从阿根廷进口豆油 70.2 万吨，比上年有了大幅度增长，但远低于 2003—2009 年的平均年进口量水平（162 万吨）。

第三篇

粮油需求消费分析

第八章

我国粮食需求预测

一、问题的提出

我国居民食物消费呈现多样性，但归结起来为植物性消费和动物性消费；两类食物消费均呈现出增加的趋势，其消费结构逐步由植物性食物消费向动物性食物消费转化。农村和城镇居民人均食物消费差异较为明显，但两者对食物消费量均在以不同的年均增长速度增加，1990—2011年农村和城镇居民对粮食直接消费量分别以2.02％、2.27％的年均速度减少，而农村居民对粮食直接消费量明显高于城镇居民；农村居民和城镇居民对于肉类制品消费量分别以2.97％、1.16％的年均速度增加，但城镇居民对肉类制品的消费量明显高于农村居民，2011年，城镇和农村居民对肉类制品消费量分别为35.17千克、23.30千克。肉类制品需求的不断增加，必然使得我国居民对饲用粮需求增加，这些变动便为我们提出了新的研究课题：我国居民食物结构变动将发生怎样的变化，对于未来粮食总需求又会产生怎样的影响？

与此同时，人口增长、经济社会发展和资源约束等决定全球长期存在巨大的粮食安全压力，根据预测，到2050年世界人口将新增23亿，仅此一项就需要全球粮食供应量增加70％，同时考虑到畜牧业发展，世界粮食需求量增加趋势将会更为明显（刘合光、秦富，2013）。我国人口占世界人口总量的比重接近 1/5，同时考虑到我国城镇化的不断推进，对粮食总需求必然逐步加大，这就需要对粮食总需求做出及时、合理的预测，这对保障我国粮食安全、促进经济平稳发展等均具有较为重要的现实意义。

二、相关文献及研究方法

一直以来，粮食需求预测均是农经问题研究的热点之一。近年来，不同学者对我国粮食需求进行了预测，对于粮食需求的基本判断为：粮食需求量将会逐步提高，但对于具体预测方法、视角和预测粮食需求数值存在明显差异。如有学者分别基于营养标准视角和热量消费视角，预测我国 2020 年粮食需求量将达到 6.1 亿吨（胡小平、郭晓慧，2010；钟甫宁、向晶，2012）；马永欢、牛文元（2012）基于粮食安全视角，预测认为 2020 年对我国粮食需求预测量将达到 5.48 亿吨；张玉梅等（2012）采用中国多市场多部门模型（CEMM），预测我国 2020 年粮食需求量将在 5.78 亿吨左右；陈永福（2005）通过构建双对数模型，预测我国 2020 年粮食需求量将达到 5.05 亿吨；吕新业、胡非凡（2012）则针对相关粮食总需求的文献进行了归纳和总结，粮食总需求预测较高值达 7.8 亿吨，较低值仅为 5.05 亿吨，同时又在对我国粮食影响因素进行趋势性预测分析的基础上，推算我国 2020 年粮食总需求量将达到 6.93 亿吨。预测粮食总需求数值的差异可能与现有文献的研究方法有一定关联，现有文献的研究方法大致可以分为两类，一是根据粮食需求分类（口粮、饲用粮、种业用粮、工业用粮等）进行分别预测，然后累加；二是通过构建人均收入水平和人均粮食消费量的内在联系性，通过人均收入水平的变动，同时再考虑人口总量的变动，来推算未来粮食总需求。从我国粮食需求的各个组成部分来看，饲用粮需求量持续增加，口粮需求量下降，种业用粮和工业用粮变动幅度并不明显，对于饲用粮和口粮需求量孰高孰低的预测结果存在一些差异。

以上文献为本章进一步进行粮食总需求预测提供了新的思路。本章利用时间序列方法，结合居民人均食物消费，验证农村和城镇居民人均食物消费与时间序列的内在联系性，同时考虑到城镇化推进、人口增长等因素对 2013—2020 年农村和城镇居民人均食物消费进行预测，结合现有文献中的料肉比等数据，推算对 2013—2020 年我国粮食总需求量。

三、2013—2020 年我国居民食物结构变动

对于我国食物消费预测主要是采用农村和城镇居民人均食物消费的时间序列，农村居民人均食物消费序列选择的是 1978—2010 年数据；城镇居民人均食物消费选择的则是 1981—2011 年数据，农村和城镇居民人均食物消费数据主要来自于《中国农村统计年鉴》和《中国统计年鉴》等。

首先通过绘制农村和城镇居民人均食物消费和时间序列散点图，考虑城镇和农村居民不同食物模型的拟合程度及相应时间变量的显著性水平，选择适当的回归方程类型，所选择农村和城镇居民人均食物消费与时间序列（年份）方程回归结果如表 8-1 和表 8-2 所示。

表 8 - 1　农村居民人均食物消费与年份回归方程

	粮食	家禽	猪肉	蛋类	水产品	牛羊肉
年份平方	-0.165 1***	0.002 3***	—	-0.000 8*	0.000 7*	—
	(-17.09)	(7.53)	—	(-1.77)	(1.73)	—
年份	3.940 0***	0.040 5***	0.248 6***	0.177 5***	0.125 0***	0.032 5***
	(11.30)	(3.62)	(13.37)	(10.28)	(8.47)	(15.21)
常数项	239.395 3***	0.338 0***	6.751 9***	0.402 4***	0.521 3***	0.399 0***
	(90.43)	(3.97)	(18.10)	(3.07)	(4.65)	(9.30)
R^2	0.961 0	0.985 3	0.899 5	0.975 7	0.982 6	0.878 4

注：***、**、*分别表示1%、5%、10%显著性水平，其中括号内为T值。

表 8 - 2　城镇居民人均食物消费与年份回归方程

	粮食	家禽	猪肉	蛋类	水产品	牛羊肉
年份平方	0.086 5***	0.008 0***	0.008 5***	—	—	—
	(4.68)	(3.46)	(2.83)	—	—	—
年份	-5.518 7***	0.015 6	-0.178 4***	0.172 1***	0.268 5***	0.053 6***
	(-9.14)	(0.20)	(-1.80)	(9.19)	(12.61)	(7.36)
常数项	163.253 1***	2.617 6***	18.122 9***	6.343 4***	5.789 0***	2.284 9***
	(39.13)	(4.92)	(26.36)	(18.48)	(15.61)	(17.12)
R^2	0.931 3	0.890 8	0.453 9	0.744 5	0.854 8	0.651 1

注：***、**、*分别表示1%、5%、10%显著性水平，其中括号内为T值。

根据农村居民各种人均食物消费回归结果，对农村居民2013—2020年人均食物消费进行预测。结果显示，农村居民人均粮食消费将减少，动物性消费将增加，但是增加幅度并不明显；具体来说，农村居民人均粮食消费进一步下降，到2020年，农村居民人均粮食需求量93.12千克，对于水产品、蛋类和家禽的消费将会增加，2020年将分别达到7.38千克、6.66千克和6.57千克，牛羊肉需求量并没有明显增长，预测结果显示，与2013年相比，2020年仅增长0.23千克，农村居民人均食物消费量具体结果如表8-3所示。

表8-3　2013—2020年农村居民人均食物消费量预测

单位：千克

年份	粮食	猪肉	牛羊肉	水产品	蛋类	家禽
2013	159.15	15.95	1.60	6.10	5.87	4.99
2014	150.71	16.20	1.63	6.28	5.99	5.20
2015	141.94	16.45	1.67	6.46	6.11	5.42
2016	132.84	16.70	1.70	6.64	6.22	5.64
2017	123.40	16.94	1.73	6.82	6.34	5.86
2018	113.64	17.19	1.76	7.01	6.45	6.10
2019	103.55	17.44	1.80	7.19	6.56	6.33
2020	93.12	17.69	1.83	7.38	6.66	6.57

数据来源：笔者整理而得。

同样地，根据城镇居民人均食物消费回归结果，对城镇居民2013—2020年人均食物消费进行预测。结果显示，城镇居民粮食需求量基本维持在相应的范围内，其粮食需求量相对来说较为稳定；到2020年，城镇居民人均粮食需求量为80.89千克，与2011年基本相同；其他类型食物消费增长较为明显，其中增长最为明显的是家禽，将从 2013 年的 11.89 千克增长到 2020 年的 16.10 千克，其次为猪肉和水产品，两者在 2020 年将分别达到 24.59 千克、16.53 千克；牛羊肉消费增长并不明显，到 2020 年城镇居民人均牛羊肉仅为 4.43 千克，与 2013 年相比，仅增长 0.38 千克，城镇居民人均食物消费量具体变动趋势如表 8 - 4 所示。

表 8 - 4   2013—2020 年城镇居民人均食物消费量预测

单位：千克

年份	粮食	猪肉	牛羊肉	水产品	蛋类	家禽
2013	75.33	21.49	4.05	14.65	12.02	11.89
2014	75.60	21.89	4.11	14.92	12.19	12.44
2015	76.05	22.29	4.16	15.19	12.37	13.01
2016	76.67	22.72	4.21	15.46	12.54	13.60
2017	77.47	23.16	4.27	15.72	12.71	14.20
2018	78.44	23.62	4.32	15.99	12.88	14.82
2019	79.58	24.10	4.37	16.26	13.06	15.45
2020	80.89	24.59	4.43	16.53	13.23	16.10

数据来源：笔者整理而得。

四、2013—2020 年粮食需求预测

1. 食物需求转化为粮食需求

上述内容对 2013—2020 年农村与城镇居民人均食物消费进行了预测，而此部分内容根据 2013—2020 年中国人口数量变动并结合城镇化变动趋势，同时再根据食物中肉类需求数据、工业用粮和种业用粮等推算我国粮食总需求，在推算过程中，做出如下假定：

（1）我国人口总量的变动

根据相关文献可知，至 2020 年我国人口数量将达到
14.30 亿人，而城镇化率将达到 65%。据此假设如下：我国每
年人口增长数目均相同，城镇化率均保持在一定水平，即
2012—2020 年，我国人口年均增长 925 万人，城镇化率年均
增长 1.45%；2011 年我国农村居民人口和城镇居民人口数目
分别为 6.56 亿和 6.91 亿，城镇化率为 51.3%，根据上述内
容推测 2013—2020 年我国农村和城镇居民人口数量；部分文
献证实了转移的农村劳动力新形成的城镇居民既与原有的城镇
居民在消费结构、消费方式均存在差异，同时也逐步脱离了以
前的食物消费结构和方式。现有城镇居民对新形成的城镇居民
具有明显的消费"示范效应"，因此在研究过程中，忽略两者
的消费结构差异，农村居民和城镇居民人口数量预测如表 8-5
所示。

表 8-5　2013—2020 年农村居民与城镇居民人口分布状况

单位：亿人

年份	农村居民	城镇居民	总人口
2013	6.26	7.40	13.66
2014	6.10	7.65	13.75
2015	5.94	7.90	13.84
2016	5.78	8.15	13.93
2017	5.61	8.41	14.03
2018	5.45	8.67	14.12
2019	5.28	8.93	14.21
2020	5.10	9.20	14.30

数据来源：笔者整理而得。

（2）料肉比选择

对于料肉比的选择，学术界有很大争议，如猪肉料肉比，高的猪肉料肉比约为 4.3∶1（隆国强，1999），低的料肉比仅有只有 2.5∶1（程国强、陈良彪，1998）；高的牛肉料肉比为 4.8∶1（李波等，2008），低的料肉比只有 1∶1（骆建忠，2008）；水产品料肉比，高的有 1.8∶1，低的仅有 0.4∶1，其他如禽肉、鸡蛋等，也存在一定差别，但基本维持在 2.2～2.7∶1；料肉比的测算差异之所以引起争议，主要原因在于研究人员的测算标准不同，有些学者参照畜牧业标准化、规模化饲养的耗粮标准进行分析，另一些学者则是根据农户调研数据而获得，农户在养殖过程中，粮食被一部分其他物质而替代，从而节约粮食。本章在研究过程中所使用具体料肉比比值分别为猪肉（3.0∶1），牛羊肉[①]（2.8∶1），蛋类（2.2∶1），家禽（2.0∶1），水产品（0.8∶1），且假定在预测年份 2013—2020 年内，其料肉比并不发生明显变动。

（3）对于粮食需求的预测

主要分为 3 部分：一是种业用粮、工业用粮。此部分内容参照相关文献，种业用粮基本维持每年 1 200 万吨左右；工业用粮消费在 2012 年为 10 105 万吨，然后每年基本上以 150 万吨的幅度增长，借此预测这两部分粮食需求量状况；这一估计结果与相关学者估计工业用粮消费采用常态增长（年均增速为 3.45%）的结果较为相似，其认为 2020 年为 11 040 万吨（张小瑜，2012）。二是饲用粮。本章所考虑的肉类食物为猪肉、牛羊肉、蛋类、家禽等，这些食物所消耗的饲用粮是总饲用粮

---

① 此处牛羊肉料肉比不包含纯草的那部分肉羊肉料肉比。

消费的一部分，不能代表饲用消费的全部，因而，采用这些食物饲用粮的年均增长率代替总饲用粮的年均增长率，再根据2011年饲用消费量推算以后年份饲用粮消费量。三是口粮。口粮消费也仅是总口粮消费的一部分，同样采用口粮消费年均增长率代替总口粮年均增长率，其中2011年我国口粮消费量、饲用粮消费量约为25 437.84万吨、19 281.66万吨。

2. 对我国粮食需求进行预测

（1）我国粮食总需求持续增长，人均粮食需求基本稳定

根据推算，2020年我国粮食需求总量为60 390.93万吨，分别比2015年、2013年多消费1 783.48万吨、2 020.32万吨，2013—2020年和2015—2020年两个阶段我国粮食总需求年均增长速度分别为0.49%、0.60%。

我国人均粮食需求量基本维持在425千克左右，人均口粮和饲用粮消费基本维持在322千克以上，但在具体年份内会稍有变动。整体而言，我国粮食总需求持续增长，这主要来源于饲料用粮需求的增长，且饲用粮消费年均增长量超过粮食总需求年均增长量。

表8-6 2013—2020年我国粮食需求总量

单位：万吨

年份	饲用粮	口粮	种业用粮	工业用粮	部分损耗	总需求量
2013	21 457.22	23 458.40	—	10 255	—	58 370.61
2014	22 236.22	22 620.42	—	10 405	—	58 461.63
2015	23 039.39	21 813.06	—	10 555	—	58 607.45
2016	23 867.42	21 040.60	—	10 705	—	58 813.02
2017	24 720.82	20 308.97	—	10 855	—	59 084.79
2018	25 606.74	19 624.32	—	11 005	—	59 436.05
2019	26 524.41	18 991.53	—	11 155	—	59 870.95
2020	27 470.22	18 415.71	—	11 305	—	60 390.93

注：粮食部分损耗量数据参照张玉梅、李志强等（2012）等。

（2）口粮消费将处于下降趋势，饲用粮消费将增长

数据显示，我国口粮消费量由 2013 年的 23 458.4 万吨下降到 2020 年的 18 415.71 万吨，年均增长速度为－3.40%；然而，我国饲用粮消费量由 2013 年的 21 457.22 万吨增加到 27 470.22 万吨，年均增长速度为 3.60%。口粮消费量随着年份的增加，增加幅度则下降，2014 年口粮消费量比 2013 年增加－837.98 万吨，而 2020 年口粮消费量比 2019 年增加－575.82万吨；饲用粮消费量随着年份增加，其增加幅度在明显增加，2014 年饲用粮需求量比 2013 年增加 779.00 万吨，2020 年饲用粮需求量比 2019 年增加 945.805 万吨。口粮消费比重则由 2013 年的 40.19% 下降到 2020 年的 30.50%，我国饲用粮占粮食总需求的比重由 2013 年 36.76% 上升到 2020 年的 45.49%。造成这一现象的原因在于居民食物消费结构发生变化，由植物性食物消费向动物性食物消费方式转变；尽管人口数量增加导致口粮需求量增长，但是不足以抵消居民人均口粮消费量下降所带来的影响。

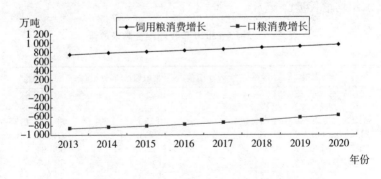

图 8-1　2013—2020 年饲用粮和口粮年增长

（3）城镇居民口粮和饲用粮需求量在增加，农村居民口粮和饲用粮需求量在下降

数据显示，农村居民口粮需求总量将由 2013 年的 15 049.14万吨下降到2020年的7 202.76 万吨，城镇居民口粮需求总量则由 2013 年的 8 409.25 万吨增加到 2020 年的 11 212.95万吨，两者年均增速分别为－9.99%、4.20%；农村居民和城镇居民的饲用粮需求量则分别以－0.91%、5.44% 的年均增长速度在变动；造成这一现象的原因在于两个方面，一是农村居民逐步减少，短短 9 年，农村居民将减少 1.46 亿人，伴随食物结构的不断改善，2013—2020 年，农村居民人均口粮（原粮）消费量以－7.32%的年均增长速度下降，农村居民人均饲用粮需求量则以 2.04%的年均增长速度增加；二是城镇居民人均口粮需求量已经日趋稳定，城镇居民口粮需求量增加主要是由城镇化水平的提高而带动，城镇居民饲用粮需求量则以 2.21%的年均增长速度在增加。

表 8-7　2013—2020 年口粮和饲用粮消费量变动

单位：万吨

年份	口粮		饲用粮	
	农村居民	城镇居民	农村居民	城镇居民
2013	15 049.14	8 409.25	7 081.17	14 376.04
2014	13 898.65	8 721.77	7 049.35	15 186.86
2015	12 752.28	9 060.78	7 011.17	16 028.22
2016	11 613.43	9 427.17	6 958.10	16 909.32
2017	10 484.76	9 824.21	6 893.64	17 827.18
2018	9 371.54	10 252.78	6 822.59	18 784.15
2019	8 276.56	10 714.97	6 740.18	19 784.24
2020	7 202.76	11 212.95	6 644.62	20 825.60

数据来源：笔者整理而得。

五、结论与政策启示

本章通过我国农村居民 1978—2010 年人均食物消费数据、城镇居民 1981—2011 年人均食物消费数据对 2013—2020 年食物消费量进行预测，同时结合城镇化、人口数量自然增长以及料肉比等数据，对 2013—2020 年粮食总需求量进行估算。研究结果显示：中国粮食需求呈现出增加趋势，截至 2020 年，中国粮食总需求量为 6.04 亿吨；我国粮食总需求量的增加均来自于饲用粮消费量的增加；口粮消费量将减少，饲用粮消费量将持续增加，且大约在 2015 年，饲用粮消费量将超过口粮消费量；我国人均粮食需求量基本维持在 425 千克左右，人均口粮和饲用粮两者粮食需求量之和基本维持在 322 千克以上；伴随着城镇化的不断推进，到 2020 年城镇居民口粮和饲用粮消费量均将超过农村居民。

本章通过对上述中国粮食总需求的分析和讨论，提出如下政策启示。

1. 坚持以国内粮食生产为主，以粮食贸易作为调节

伴随收入水平的增长，食物消费量将会持续增加，这将使得我国粮食总需求持续增加；按照我国粮食自给率需保持在 95％以上的要求，2020 年我国粮食产量至少达到 57 371 万吨，这一产量高于 2011 年粮食产量而稍低于 2012 年粮食产量。因而，必须确保我国粮食产量稳定增长，需提高粮食综合生产能力，稳定播种面积，努力提高粮食单产。同时，我国亟须根据我国农业生产的资源约束和比较优势，重新审视现有的"粮食安全"政策，在考虑充分利用全球农业资源的大背景下，制定面向未来的"粮食安全"新战略。

2. 确定合理的饮食调整方向，引导消费者进行消费

整体来看，口粮消费呈现出下降趋势，其对我国粮食安全所造成的压力并不大，人们由植物性食物消费转向动物性食物消费引发了"人畜争粮"的风险。大力推行健康消费，提倡合理与均衡消费，建立科学膳食标准和制度，拓宽消费领域，加强食物消费指导和食物消费科学的研究工作。确定合理的饮食调整方向，适当增加其动物性食物消费比重，这样不仅能提高食物的热量摄入，更重要的是还能改善居民的营养状况。

3. 改善料肉比，且进一步提高料肉比

料肉比直接影响对饲用粮需求量的大小，饲料粮需求增长是我国粮食需求增长的主要推力，应科学配合饲料，饲料种类多样化，减少饲料浪费，提高饲料消化率；同时应改善饲喂方式。

4. 建立完善的粮食市场流通体系，逐步提高粮食流通效率

伴随着城镇化的不断推进，大量农村劳动力由农村走向城市，且部分劳动力实现了跨区域转移，这也为我国粮食流通提供了新的途径。政府可以通过补贴等措施在粮食产地和销地分别建立处理市场，同时建立国内粮食物流中心，改善道路并加强港湾基础设施建设，促进地区间的粮食区域流通。

第九章

粮油与其他类型食物消费结构变动的比较研究①

一、中国粮油与其他类型食物结构变动状况

（一）中国居民消费水平在持续增长，但食物消费比重在逐步下降

1. 中国居民消费支出增长较快，其恩格尔系数呈现逐年下降趋势

1996—2011 年，农村居民消费支出从 1996 年的 1 572.08 元增加到 2011 年的 5 221.13 元，年均增长速度为 8.33%，恩格尔系数则从 1996 年的 56.32%下降到 2011 年的 40.34%，尽管农村居民食物消费支出比重在下降，但是其农村居民消费支出额呈现明显增加趋势，从 1996 年的 885.49 元增加到 2011 年的 2 107.34 元，年均增长速度为 5.95%；城镇居民现金消费支出、食物消费支出分别从 1996 年的 3 919.47 元、1 904.71元增加到 2011 年的 15 160.89 元、5 506.33 元，年均增长速度分别为 9.44%、7.33%，食物消费支出占城镇居

---

① 粮油主要包括粮食和油脂；其他类型食物主要包括蔬菜、油脂、肉类、蛋类、水产品。

民现金支出的比值则从 1996 年的 48.60％下降到 2011 年
的 36.32％。

尽管城乡居民消费支出均呈现增加趋势，但是城乡居民消费支出差距进一步扩大，城乡食物支出差距比重仍然小于其他（非食物）消费支出比重。城乡居民消费支出差距从 1996 年的1 019.22 元增加到 2011 年的 3 398.99 元，其他消费支出差距则从 1996 年的 2 347.39 元增加到 2011 年的 9 939.76 元，其他消费支出与食物消费支出的比值则从 1996 年的 2.30 增加到2011 年的 2.92。

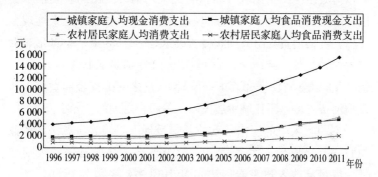

图 9-1　城乡居民现金消费、食物消费支出变动情况

2. 从不同收入户来看，农村居民和城镇居民食物消费支出差距明显

1996—2011 年，城镇居民家庭现金消费支出和食物消费支出增长较快，但是其内部差距较为明显。2011 年，最高收入户（10％）家庭现金消费支出、食物消费支出分别是最低收入户（10％）的 5.47 倍、3.28 倍，1996 年这两个数值仅为2.92 倍、1.99 倍；不同收入户现金消费支出和食物消费支出的增长比重差异较大，且现金消费支出年均增长速度普遍高于

食物消费支出，高收入户明显高于低收入户。

表 9-1　城镇居民家庭食物消费支出年均增长情况

单位:%

	最低收入户	较低收入户	中等偏下户	中等收入户	中等偏上户	较高收入户	最高收入户
现金消费支出	7.88	8.46	9.12	9.81	10.53	11.51	12.47
食品支出	6.03	6.41	7.17	7.81	8.39	9.04	9.62

尽管农村居民人均消费支出与食物消费支出呈现出相同趋势，与城镇居民相比较，农村居民人均消费支出与食物消费支出较小。以 2011 年为例，高收入户（20%）城镇家庭人均现金支出、食物消费支出分别农村居民家庭的 3.23 倍、2.68 倍；低收入户（20%）城镇家庭此两类支出分别是农村家庭的 2.25 倍、2.24 倍；农村居民家庭不同收入户之间的现金消费支出和食物消费支出差距比城镇居民收入等级户之间的差异小。

不同收入户的恩格尔系数基本呈现下降趋势，恩格尔系数与收入等级成反比关系，收入等级越高，其恩格尔系数则越低；以最高收入户来看，1996 年其恩格尔系数为 0.40，2000 年该数值为 0.31，2011 年为 0.27；最低收入户的恩格尔系数明显高于最高收入户，其在 1996 年、2000 年、2011 年恩格尔系数分别为 0.60、0.50、0.46（图 9-2）。

（二）城乡居民粮油与其他类型食物结构变动差异明显

1. 城乡居民粮食蔬菜消费量均处于下降趋势，而其他类型食物消费量在明显增长

城镇居民粮食、蔬菜消费呈现下降趋势，其粮食、蔬菜消费量分别从 1996 年的 97 千克、116.47 千克下降到 2011 年的 80.71 千克、114.56 千克，年均下降速度分别为 1.22% 和

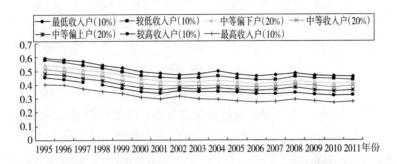

图 9-2　农村居民不同收入户恩格尔系数变动情况

0.11%；城镇居民其他类型食物消费量均在不同程度地增长，其中增长较为明显的为家禽，城镇居民家庭人均家禽消费量从1996 年的 3.97 千克增加到 2011 年的 10.59 千克，年均增长速度为 6.76%；2011 年城镇居民家庭牛羊肉、水产品、油脂、猪肉、蛋类等人均消费量分别为 3.95 千克、15.21 千克、9.26 千克、20.63 千克、10.12 千克，1996—2011 年，这 5 类食物产品呈现不同程度的增长趋势，其年均增长速度分别为3.26%、3.14%、1.78%、1.20%、0.26%。

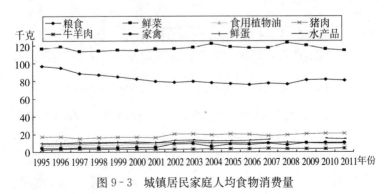

图 9-3　城镇居民家庭人均食物消费量

农村居民对粮食、蔬菜人均消费量基本呈现出下降的趋势，对其他类型食物消费量上升；与城镇居民食物消费相比，除粮食、蔬菜外，农村居民其他类型食物消费量均低于城镇居民，1996—2011 年，农村居民人均粮食消费量分别下降 80.45千克、16.90 千克，其年均下降速度分别为 2.67%、1.15%，农村居民粮食消费量呈现持续下降趋势，蔬菜消费则先上升后下降，其在 2000 年农村居民人均蔬菜消费量达到最大值，为111.98 千克；1996—2011 年，农村居民其他类型食物消费表现出增加的趋势，油脂、猪肉、牛羊肉、禽类、蛋类、水产品等食物消费年均增长速度分别为 1.40%、4.03%、1.32%、5.87%、3.23%、2.54%；尽管其对牛羊肉、禽类等食物消费的年均增长速度较高，但是其消费的绝对数额较低，以 2011年为例，农村居民对两者的消费量分别为 1.90 千克、4.54 千克，对其他食物消费量明显高于这两种食物。

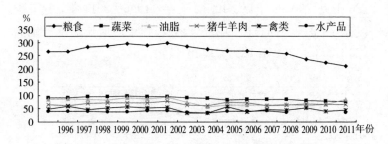

图 9-4 城乡居民部分粮油与其他食物消费量比

从农村居民和城镇居民的食物消费量比值可以看出，除粮食外，农村居民食物消费均低于城镇居民，且这一比值呈现下降趋势（图 9-4）。1996 年农村居民人均粮食消费量是城镇居民的 2.70 倍，2011 年变为 2.12 倍；对于其他类型食物消费

表9-2　城乡居民家庭人均其他食物消费量

单位:千克

年份	城镇家庭					农村家庭				
	猪肉	牛羊肉	家禽	蛋类	水产品	猪肉	牛羊肉	家禽	蛋类	水产品
1996	17.07	3.29	3.97	9.64	9.25	11.85	1.05	1.93	3.35	3.68
1997	15.34	3.70	4.94	11.13	9.30	11.46	1.26	2.36	4.08	3.75
1998	15.88	3.34	4.65	10.76	9.84	11.89	1.31	2.33	4.11	3.66
1999	16.91	3.09	4.92	10.92	10.34	12.7	1.17	2.48	4.28	3.82
2000	16.73	3.33	5.44	11.21	9.87	13.5	1.13	2.85	4.97	3.92
2001	15.95	3.17	5.30	10.41	10.33	13.35	1.15	2.87	4.72	4.12
2002	20.28	3.00	9.24	10.56	13.20	13.7	1.17	2.91	4.66	4.36
2003	20.43	3.31	9.20	11.19	13.35	13.78	1.26	3.20	4.81	4.65
2004	19.19	3.66	6.37	10.35	12.48	13.46	1.30	3.13	4.59	4.94
2005	20.15	3.71	8.97	10.40	12.55	15.62	1.47	3.67	4.71	5.01
2006	20.00	3.78	8.34	10.41	12.95	15.46	1.57	3.51	5.00	5.36
2007	18.21	3.93	9.66	10.33	14.20	13.38	1.5	3.86	4.72	5.25
2008	19.26	3.44	8.00	10.74	—	12.64	1.3	4.36	5.43	5.27
2009	20.50	3.70	10.47	10.57	—	13.93	1.4	4.25	5.32	5.15
2010	20.73	3.78	10.21	10.00	15.21	14.43	1.4	4.17	5.12	5.36
2011	20.63	3.95	10.59	10.12	14.62	14.42	1.9	4.54	5.40	5.36

数据来源:1997—2012年《中国统计年鉴》与《中国农村统计年鉴》。

而言，农村居民人均消费量均小于城镇居民，以 2011 年为例，农村居民人均蔬菜、油脂、猪肉、牛羊肉、家禽、蛋类、水产品消费量分别为城镇居民人均消费量的 78.00％、80.78％、69.90％、48.10％、42.87％、53.36％、36.66％。

2. 城乡居民动物性食物消费比较

在所有动物性食物消费中，对猪肉消费量较大，对其他食物消费量较小，如 1996 年农村和城镇居民对猪肉的消费量分别为 11.85 千克、17.07 千克，分别占当年动物性食物消费的 42.43％、30.87％；2011 年对两者的消费量分别为 14.42 千克、20.43 千克，占动物性食物消费比重的 42.74％、37.82％；居民对其他食物消费量也在明显增加，就各类食物消费量占动物性食物消费的比重来看，禽肉产品消费比重增加得较为明显，如 1996 年农村和城镇居民家庭禽肉产品消费比重分别为 7.96％、13.46％，2011 年禽肉产品消费占动物性食物消费比重则为 13.46％、19.41％。

（三）不同地区居民粮油与其他类型食物消费结构比较

1. 各省份农村居民食物消费结构既存在共性、又存在差异

粮食仍然是农村居民消费的主要食物，其次为蔬菜、猪肉、家禽等；除个别省份，东部地区省份农村居民食物消费支出比重一般低于中部地区、西部地区省份；同时，各地区食物消费支出比重一般与这个地区是否为食物主产地有关，如果该地区是食物主产地，则这种食物在此地区食物消费结构中所占的比重相对较高，如吉林、辽宁、黑龙江、山东、河南等省份为中国粮食主要生产地，这些省份农村居民粮食消费比重则相对较高；其次，与地区经济发展水平有一定关联，地区经济发展水平越高，其对动物性食物消费的比重也相对较高，如北京、上海、江苏等；再次，与地区长期形成的消费行为和方式也有一定的关系，如内蒙古、青海等地的牛羊肉消费比重相对较高。

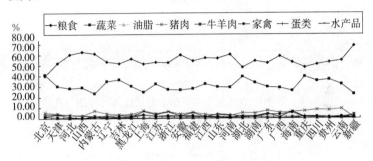

图 9-5　2011年不同地区农村居民粮油与其他类型食物消费比重

从农村居民人均食物消费总量变动趋势可以看出，不同地区农村居民人均粮食、蔬菜消费基本上呈现出下降的趋势，其他类型食物消费如油脂、猪肉、牛羊肉、家禽、蛋类、水产品食物消费均呈现出增加的趋势，其中以禽肉消费增长的速度最快。

2. 不同地区的城镇居民仍然呈现出与农村居民食物消费相似的特征

粮食消费量仍然占有较高比重，但人均食物消费仍然呈现出下降的趋势，其他类型食物消费均呈现不同程度的增长。从不同地区城镇居民食物消费支出可以看出，肉类消费额占食物消费总额的比重相对较高，其次为蔬菜和粮食；同样地，不同地区城镇消费仍然与所消费产品本地是否为主产地有一定关系，如水产品主产地（如福建、广东、上海、浙江、山东等省份）城镇居民消费明显高于非主产地。

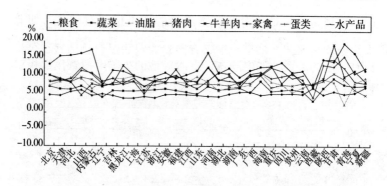

图 9-6 1996—2011 年不同省份农村居民人均粮油与其他
类型食物消费增速

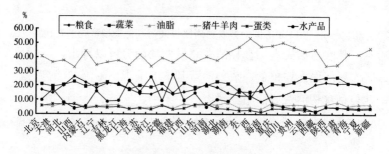

图 9-7 2011 年不同省份城镇居民现金消费支出

(四) 城乡居民消费结构变动度对其贡献率的影响

通过对城乡居民消费结构变动度的对比可以看出,城乡居民消费结构变动度最接近的阶段为 1996—2000 年和 2000—2005 年。在此两个阶段,农村居民食物消费结构变动度分别为 2.80%、0.68%,城镇居民分别为 2.44%、0.71%;2006—2011 年及所考察的整个阶段,农村和城镇居民食物消费结构变动度则存在着差异,农村居民食物结构变动度比城镇居民高出近 1 个百分点,这也表明城镇居民消费结构较为稳

定，农村居民消费结构变化较大，说明在以城镇食物消费及其
支出结构为参照系的情况下将存在对农村居民食物消费行为的
"示范性"效应。

表 9-3　农村居民消费结构变动度及各食物消费支出对其贡献①

单位:%

年份	年均结构变动度	粮食	油脂	蛋类	肉类	水产品	蔬菜
1996—2000	2.80	50.00 —(1)	3.12 (5)	26.55 (2)	0.42 (6)	6.19 (4)	13.72 (3)
2000—2005	0.68	37.53 —(1)	12.47 —(3)	7.59 (4)	3.03 (6)	3.07 (5)	36.32 (2)
2006—2011	2.11	50.00 —(1)	11.99 —(3)	32.78 (2)	3.45 (4)	1.29 (5)	0.50 (6)
1996—2011	1.91	50.00 —(1)	2.81 (5)	27.04 (2)	2.07 (6)	5.46 (4)	12.62 (3)

注：农村居民食物消费支出由农村居民食物消费量乘以各食物消费价格而得，食物消费价格由城镇居民食物消费支出除以城镇居民食物消费量获得，此处假定农村和城镇食物价格无差异。

数据来源：笔者参照食物消费结构变动度公式计算而得，其中"—"表示负向影响，括号内数字表示对结构变动度贡献大小。

对于各食物支出对其消费结构变动度的贡献率，农村居民
和城镇居民食物支出对其食物消费结构变动度的贡献率差异较
为明显，但城镇居民对农村居民的消费行为具有一定示范效应。

① 消费结构变动度是用来考察平均每年消费结构的变动程度，主要反映消费支出结构变动速度的快慢。消费结构变动度采用期末各类消费支出比重减去期初同类消费比重，将相减之差的绝对值相加获得一定时期的结构变动值，将结构变动值除以考查期的年数即为年均结构变动度。将各类消费支出比重的变动值绝对值之和除以考察期内总的结构变动值得到各项消费支出对结构变动度的贡献率。

对于前者来说，对其影响较大的为粮食、蛋类产品，在第一阶段和第三阶段，农村居民粮食食物支出的贡献率为 50％、50％，蛋类产品支出的贡献率则为 26.55％、32.78％；在第二阶段，农村居民粮食和蔬菜支出的贡献率分别为 37.53％、36.32％。

表 9-4　城镇居民消费结构变动度及各食物消费支出对其贡献

单位:％

年份	年均结构度	粮食	油脂	蛋类	肉类	水产品	蔬菜
1996—2000	2.44	39.89 —(1)	4.17 (6)	17.81 (3)	10.11 —(4)	20.72 (2)	7.30 (5)
2000—2005	0.71	17.15 —(3)	10.48 (5)	15.68 (4)	7.81 —(6)	25.05 —(1)	23.84 (2)
2006—2011	1.13	11.30 —(4)	5.90 (5)	50.00 (1)	4.94 —(6)	12.69 —(3)	15.17 —(2)
1996—2011	1.11	36.41 —(1)	0.89 —(6)	24.91 (2)	12.70 —(4)	12.00 (5)	13.09 (3)

数据来源：笔者参照食物消费结构度公式计算而得。其中"—"表示负向影响，括号内数字表示对结构变动度贡献大小。

　　与农村居民对比可以看出，城镇居民粮食支出比重呈现出连续下降趋势，在 3 个阶段的贡献率分别为 39.89％、17.15％、11.30％；蛋类支出比重对其结构变动贡献率的影响持续增加，分别为 17.81％、15.68％、50.00％；而肉类和蔬菜除在第一阶段，其支出对城镇居民消费结构变动度的影响大致相同；对比农村居民和城镇居民食物支出对其消费结构变动度的贡献率可以看出，粮食、蛋类、水产品等支出均排在前三位，城镇居民肉类和水产品对其结构变动度的贡献更大，而农村居民较小。从上文可以看出，农村居民和城镇居民在食物消费支出、食物消费结构方面的差异较为明显，那么什么因素导致两者存在这样的差异呢？部分学者对中国食物消费结构变动的状况进行了分析，仅有少量学者对其进行定量分析，参照已有研究成果，对中国居民食物结构变动进行分析，并对其进行预测。

本章结构安排如下：第一部分为阐述目前中国粮油和其他类型食物结构变动状况；第二部分对现有研究文献进行梳理和总结；第三部分介绍本章的研究方法和数据来源；第四部分为分析和讨论研究结果；第五部分为本章的研究结论和政策建议。

二、文献综述

现阶段研究中国食物结构变动的文献主要集中在以下几个方面：

一是从不同角度探讨了中国食物结构变动的总体状况，这些研究大致均得到相同或者相似的结论，如中国城乡居民消费支出进一步增长，但食物消费支出比重下降，中国食物消费结构由单一型食物消费向多元化方面发展，由以植物性食物为主向动植物性食物并重的食物消费模式转变（李哲敏，2007）；封志明、史登峰（2006）则从食物营养学的角度描述了居民食物消费的变动状况，居民食物消费需求已从追求温饱向营养健康科学转变；居民对粮食的直接消费下降，而对于粮食的间接消费在增长；城乡居民食物消费差异比较明显，城镇居民动物性食物消费明显高于农村居民，农村居民只有粮食消费高于城镇居民，居民收入增长对动物性食物消费增长的影响明显，但是农村居民收入增长对动物性消费增长的影响要高于城镇居民（孟繁盈、许月卿、张立金，2010）；不论从食物消费结构还是人均摄入能量、蛋白质和脂肪等营养素的状况来看，农村地区居民的生活水平都较城镇居民要低，同样地曹志宏、陈志超、郝晋珉（2012）借助于能值理论把城乡居民食物消费量转化为能量单位，也证实了这一判断。

二是对于影响中国食物结构变动的影响因素进行分析，诸多学者大多使用了实证模型进行分析，这些实证模型选取的基础变量包括食物自身的价格、替代产品的价格、居民收入或者支出水平等，然后再根据不同的研究需要再选取其他的变量。如黄季焜（1999）认为城市化导致的生活方式和饮食偏好的变化以及市场发育和职业变动等社会经济结构变动因素对中国食物需求结构的变动起着决定性作用，对未来中国食物消费作预测时，若仅仅考虑收入因素，将会高估收入对中国食物消费的作用。刘秀梅、秦富（2005）与周津春（2006）对中国城乡居民食物消费的影响进行研究时，选择了上述变量作为基础变量，着重考察了市场发育、家庭规模等变量对农村居民食物消费的影响，并比较了这些变量对不同地区的差异性影响；蒋乃华、辛贤、尹坚（2002）对于我国城乡居民畜产品消费影响进行研究时，探讨了食物主产地差异以及城镇化水平等变量的影响；当然仍有其他学者从其他角度对中国居民食物消费进行了探讨，如李谨（2008）则比较户内、户外消费的差异以及两者对中国居民消费的影响，秦富等（2010）则比较了不同国家消费模式的差异，分析了美国、英国、法国、日本等国的食物消费升级模式和特征。

由此可以看出，这些文献对中国食物消费结构进行了详尽的分析，但缺少对城镇与农村居民消费结构影响因素的比较分析，尽管有些文献对农村消费结构变动或者城乡消费市场变动进行了分析，但是并没有考虑两者的相互影响，城镇消费市场和农村市场存在着一定的关联性，对于农村消费行为变迁的分析并不能仅仅把农村市场作为研究对象，这样很难准确深入地描述我国农村居民的消费行为，城镇居民消费行为的示范作用不容忽视（周建、杨秀祯，2009）。

本章主要从两个方面对中国食物结构变动进行分析，一是分析影响农村居民和城镇居民粮食与其他类型食物的影响因素；二是城镇居民消费的"示范效应"是否对农村居民粮油与其他类型食物消费结构变动产生影响。

三、研究方法与数据来源

（一）研究方法

对于食物结构变动的研究方法已有许多，大多借助于需求系统模型进行了分析和讨论，如刘秀梅、秦富（2005）基于LA/AIDS 模型对我国动物性食物需求的研究；吴蓓蓓、陈永福、于法稳（2012）基于收入分层 QUAIDS 模型对广东省城镇居民家庭食品消费行为进行分析；黄季焜（1999）基于AIDS 模型分析了城市化对中国食物消费的影响；范金、王亮、坂本博（2011）则对几种常用的消费需求模型进行了总结和探讨，并比较了各模型的优缺点。这些文献都为本章的研究提供了借鉴作用，根据消费者效用理论，消费者对于某种产品的需求取决于其收入水平和产品自身的价格和其他替代产品的价格，可以表示为

$$X_i = F(p_1, p_2, \cdots, p_i, I) \qquad (9-1)$$

式 9-1 可以转化为对数、半对数、线性等形式，笔者参照蒋乃华、辛贤、尹坚（2002）的研究，两边分别取对数，使得方程转化为线性形式，如式 9-2 所示

$$\ln X_i = C + \alpha_i \sum_i \ln p_i + \alpha_{i+1} \ln I_i + \beta_j \sum_j x_j \qquad (9-2)$$

本章实证分析过程中，城镇居民食物消费主要选取粮食、蔬菜、油脂、肉类（主要包括猪肉、牛羊肉）、蛋类、水产品等；农村居民食物消费主要选取粮食、蔬菜、油脂、猪肉、牛羊肉、蔬菜、蛋类、水产品等，鉴于农村和城镇居民食物选取的不同；城镇居民和农村居民食物回归方程分别为

$$\ln X_i = C + \alpha_i \sum_{i=5} \ln p_i + \alpha_6 \ln p_6{'} + \alpha_6{'} \ln p_6{''} + \alpha_{i+1} \ln I_i + \beta_j \sum_{j=5} x_j$$

$$(9 - 3)$$

$$\ln X_i = C + \alpha_i \sum_{i=5} \ln p_i + \alpha_6 \ln p_6 + \alpha_{ii+1} \ln I_i + \beta_j \sum_{j=4} x_j$$

$$(9 - 4)$$

式中：X_i 表示城镇或者农村居民人均食物消费量；I_i 表示城镇或农村居民家庭人均收入；p_1、p_2、p_3、p_4、p_5 分别表示城镇或农村居民消费的粮食、蔬菜、油脂、蛋类、水产品价格；p_6 表示城镇居民所消费的肉类价格；$p_6{'}$、$p_6{''}$ 分别表示农村居民所消费的猪肉和牛羊肉价格。本章参照已有研究引入其他变量（x_j），如城市化水平（x_1）、居民区域所在地（x_2）、食物贸易成本（x_3）、食物主产地（x_4）、城市化示范效应（x_5）等。引入城市化水平，以反映城市化的推进是否对居民食物消费量产生影响；居民区域所在地主要反映在不同区域之间消费者对食物消费需求是否存在差异，不同区域对居民食物消费产生一定影响，相对来说，经济发展水平较高的地区对于食物消费量相对就高一些，而经济发展水平较低的地区对食物消费量就低一些；食物主产地反映了主产地是否会对本地区居民消费产生影响，此变量可能从两个角度产生影响，一是本地区可能基于地方保护主义，优先满足本地区居民的消费，二是主产地食物产品可能相对于其他地区产品而言，相对来说价格上较为

便宜，这两点可能导致本地区居民对该种食物消费的需求而高于其他地区；食物贸易成本主要与所消费地区距离食物主产地距离的远近相关，此变量反映获取该食物产品的可能性的高低，如果距离主产地相对较近，其获取该食物产品更容易一些，否则就相对就难一些；城市化示范效应主要是反映城镇居民的消费方式或者消费行为对农村居民具有示范效应，农村劳动力在农村与城镇、农业部门与非农部门流动，必然会使得其原有的消费方式或行为发生变化，继而也会对这些农村居民所在地区的消费方式产生影响，因而，本章引入城市化示范效应。

（二）数据来源及说明

本章数据来源主要包括以下几个部分：一是城镇居民家庭人均食物消费支出、各地区城镇居民人均消费支出、各地区农村居民人均消费支出的数据均来自于 1997—2012 年《中国统计年鉴》。二是各地区农村居民人均食物消费量来自于 1997—2012 年《中国农村统计年鉴》，各地区城镇居民人均消费量由笔者计算而得，首先，根据 2011 年各地区各农产品部门产值除以相应的农产品产量，得到该年份各地区各食物产品价格；然后，利用 1996—2011 年各食物产品价格指数推算 1996—2011 年各农产品价格；最后，采用各地区城镇居民人均消费支出除以各地区各产品消费量以获得各地区城镇居民人均消费量①，其中各地区农产品产值、相应农产品产量来自于国研网②，1996—2011 年各食物产品价格指数来自于 1997—2012

---

①　这样处理存在一定的弊端，各食物产品价格并不等于城镇居民食物消费价格或者农村居民食物消费价格，两者之间存在着线性的关系，对于各变量的显著性水平不会产生影响，可能在各变量系数上会稍有差异。

②　数据来源：国务院发展研究中心（www.drcnet.com.cn）。

年《中国统计年鉴》。三是城市化率由笔者计算而得，城镇居民由总人口减去乡村人口数量而获得，总人口数量来自于1997—2012年《中国统计年鉴》，农村人口数量来自于1997—2012年《中国农村统计年鉴》。四是食物贸易成本，如果该地区为主产地，那么采用该省份区域内贸易距离，否则采用距离主产地的平均距离。

本章所涉及的变量赋值如下，城镇居民与农村居民各食物消费量、各食物产品价格、食物贸易成本、城镇居民示范性效应（采用城镇居民与农村居民的某种食物支出与收入的比重）来源于1997—2012年《中国统计年鉴》或者由笔者计算而得；食物主产地变量根据该省份是否为某食物产品主产地，如果为主产地则赋值为1，否则赋值为0；对于居民区域所在地变量，东部地区赋值为1，西部地区赋值为0。

四、结果分析与讨论

（一）食物消费影响因素分析

本章采用所构建模型对中国城镇居民、农村居民食物结构变动的影响因素进行分析，所使用数据为1996—2011年30省（自治区、直辖市）[①] 城镇和农村居民各食物消费数据，每种食物均形成480组数据；实证结果如表9-5所示，从模型的整体效果来看，R_2 相对较高，模型解释能力较强。模型结果如下：

（1）居民收入的提升对于城镇居民食物消费量的影响均为

---

① 不包括西藏自治区数据；1997年重庆设立直辖市，1996年各食物数据空缺，笔者采用四川数据进行同比重处理，以获取1996年重庆相关数据。

正，但是对于农村居民食物消费量的影响存在着一定的差异性。其中对蔬菜、油脂、蛋类、水产品消费的影响为正，对猪肉和牛羊肉消费的影响尽管为负，其显著性水平较差。城镇居民收入的提高，对粮食消费的影响可能会稍有提升，但是对于其他类型食物消费的影响更为明显，其中对蔬菜、肉类、水产品消费的影响较大，城镇居民收入每增加1%，将会使得城镇居民对三者的消费量分别上升0.48%、0.42%、0.45%。农村居民收入的提高减少了对于粮食的消费量，对于蔬菜、油脂、蛋类、水产品消费的影响较大，农村居民收入每增长1%，使得农村居民对蔬菜、油脂、蛋类、水产品等消费量分别增长0.64%、0.67%、0.73%、1.09%。

表9-5　城镇居民人均食物消费量回归结果

变量	粮食	蔬菜	油脂	肉类	蛋类	水产品
粮食	−0.85*** (−20.22)	0.06*** (2.62)	0.19*** (4.71)	0.00 (0.12)	0.06* (1.62)	0.27*** (3.46)
蔬菜	0.14*** (3.19)	−1.03*** (−37.84)	0.40*** (8.12)	0.21*** (4.72)	0.54*** (13.56)	0.01 (0.08)
油脂	0.11** (2.31)	0.01 (0.44)	−1.09*** (−23.25)	−0.12*** (−2.70)	−0.17*** (−4.10)	0.42*** (4.75)
肉类	0.26*** (3.93)	0.36*** (8.42)	0.24*** (3.71)	−0.11* (−1.76)	0.10* (1.77)	−0.30** (−2.44)
蛋类	0.06* (1.50)	0.04* (1.75)	0.01 (0.28)	−0.13*** (−3.70)	−0.70*** (−21.69)	0.03 (0.50)
水产品	0.02 (0.45)	0.19*** (7.40)	0.16*** (3.76)	0.04 (1.07)	−0.27*** (−7.12)	−0.78*** (−9.76)
人均收入	0.13*** (3.43)	0.48*** (19.58)	0.23*** (6.21)	0.42*** (11.92)	0.21*** (6.27)	0.45*** (6.58)

（续）

变量	粮食	蔬菜	油脂	肉类	蛋类	水产品
x_1	0.16*	−0.08*	0.01	−0.19*	0.31***	−0.53***
	(1.90)	(−1.60)	(0.15)	(−1.88)	(3.87)	(−2.99)
x_2	−0.04*	0.02*	−0.16***	0.13***	−0.03	1.25***
	(−1.61)	(1.55)	(−6.30)	(4.07)	(−1.24)	(18.36)
x_3	0.00	−0.09***	0.00	−0.07***	−0.27***	0.31***
	(0.19)	(−5.50)	(0.12)	(−2.89)	(−9.21)	(7.26)
x_4	−0.04	−0.08***	0.04*	−0.07***	0.17***	0.15**
	(−1.45)	(−4.58)	(1.60)	(−2.84)	(7.27)	(2.12)
C	3.13***	1.06***	1.53***	1.60***	2.75***	−2.32***
	(9.50)	(5.14)	(4.52)	(4.59)	(8.10)	(−3.70)
R^2	0.54	0.81	0.59	0.50	0.70	0.74

数据来源：笔者计算而得。其中***、**、*分别表示1%、5%、10%显著性水平。

（2）食物自价格弹性的变化对居民食物消费的影响基本为负。这符合经济学判断，某食物价格上升必然使得该食物的需求量下降。对于城镇居民而言，蔬菜、油脂自价格弹性较高，二者的弹性均大于1，这说明蔬菜、油脂价格每增加1%，将会使得城镇居民蔬菜和油脂消费量分别下降1.03%、1.09%，蛋类（0.70%）、水产品（0.78%）、肉类（0.11%）等食物弹性相对最低。对于农村居民而言，猪肉、牛羊肉、水产品、蛋类等产品的自价格弹性仍为负，食物价格每上升1%，分别使得猪肉、牛羊肉、水产品、蛋类等食物的消费量下降0.21%、0.14%、0.52%、0.35%，其他食物价格变动对农村居民对该食物消费的影响并不明显。

表9-6　农村居民人均食物消费量回归结果

变量	粮食		蔬菜		油脂		猪肉	
	系数	T值	系数	T值	系数	T值	系数	T值
粮食	0.04	1.08	0.15***	3.51	0.18***	5.51	-0.18*	-1.71
蔬菜	0.04*	1.89	0.04	1.00	-0.08***	-2.63	0.45***	4.77
油脂	-0.12***	-4.58	-0.41***	-8.11	0.22***	5.63	0.27**	2.36
猪肉	-0.02	-0.51	-0.18***	-3.37	-0.78***	-16.32	-0.21*	-1.67
蛋类	-0.20***	-4.47	0.01	0.12	-0.21***	-3.35	0.91***	4.63
牛羊	-0.05***	-3.21	-0.07*	-2.17	-0.11***	-4.64	-0.12*	-1.76
水产	0.13**	2.34	-0.09	-0.84	0.04	0.50	-0.37*	-1.56
人均收入	-0.14***	-4.82	0.64***	12.98	0.67***	16.86	-0.09	-0.76
x_1	-0.30***	-5.72	-0.30***	-3.17	-0.08	-1.01	0.27*	1.73
x_2	0.08***	5.36	-0.02	-0.67	-0.03	-1.23	0.02	0.32
x_3	-0.00	-0.25	-0.12***	-4.57	0.01	0.59	-0.58***	-10.07
x_4	0.06***	3.90	0.08***	2.83	0.05**	2.53	-0.09	-1.56
x_5	-0.72***	-5.15	-4.60***	-27.32	-23.48***	-31.76	-8.47***	-8.56
C	6.89***	28.30	1.06***	2.80	-1.84***	-6.47	6.87***	7.66
R^2	0.48		0.75		0.80		0.48	

变量	蛋类		水产品		牛羊肉	
	系数	T值	系数	T值	系数	T值
粮食	-0.02	-0.46	0.27*	2.02	-0.42**	-2.27
蔬菜	-0.41***	-8.10	0.30**	2.38	-0.07	-0.43
油脂	0.50***	8.49	0.40***	2.75	-0.96***	-4.71
肉类	-0.30***	-4.59	0.43**	2.60	-0.21	-0.92
蛋类	-0.35***	-3.12	-0.65***	-2.66	0.65*	1.85
牛羊	0.04	1.09	-0.55***	-5.96	-0.14	-1.09
水产	-0.06	-0.42	-0.52*	-1.58	0.09	0.23

（续）

变量	蛋类		水产品		牛羊肉	
	系数	T 值	系数	T 值	系数	T 值
人均收入	0.73 * * *	11.51	1.09 * * *	7.32	−0.17	−0.91
x_1	0.22 *	1.57	0.06	0.18	3.49 * * *	9.52
x_2	0.04	1.15	−0.14	−0.95	−0.04	−0.35
x_3	−0.50 * * *	−11.96	−0.31 *	−3.97	−0.08	−0.87
x_4	0.22 * * *	5.97	0.20 *	1.74	0.67 * * *	5.92
x_5	−47.63 * * *	−23.29	61.56 * * *	15.33	0.95	0.54
C	−0.91 *	−1.75	−4.74 * * *	−4.14	1.10	0.81
R^2	0.89		0.76		0.37	

数据来源：笔者计算而得。其中 * * *、* *、* 分别表示 1%、5%、10% 显著性水平。

（3）城市化水平对城镇居民食物消费的影响较为显著。除油脂外，所考察的其他 5 个变量基本通过显著性水平检验。具体来说，城市化使得城镇居民人均粮食、蛋类消费量有所提升，城市化率每上升 1 个百分点，使得城镇居民人均粮食、蛋类消费量分别增加 1.002 千克、1.003 千克，分别使得其对蔬菜、肉类、水产品等食物的消费量减少 0.999 千克、0.998 千克、0.994 千克，造成此结果的原因可能在于尽管这些农村劳动力已经从农村转移到城镇，但是他们仍然保留着农村的消费行为模式。对于农村居民食物消费而言，城市化水平对农村居民粮食、蔬菜消费量的影响为负，城市化率每上升 1 个百分点分别使得农村居民粮食、蔬菜消费量下降 0.997 千克、0.997 千克，但是对农村居民蛋类、猪肉、牛羊肉消费的影响为正，城市化率每上升 1 个百分点分别使得农村居民对三者的消费量上升 1.007 千克、1.003 千克、1.036 千克，这说明城市化水平的提高使得农村居民由植物性食物消费转向动植物食物消费。

（4）居民所在地区对城镇居民食物消费的影响显著。具体而言，居民所在地区差异将使得东部地区城镇居民蔬菜、肉类、水产品的消费量上升 2.02%、13.88%、249.03%，而对粮食、油脂、蛋类等消费的影响为负，分别使得三者下降 -3.92%、-14.79%、-2.96%。对于农村居民来说，从模型回归结果来看，除粮食外，东部地区农村居民对粮食需求量稍高于中部、西部地区，居民所在地区使得东部地区农村居民比中部、西部地区农村居民粮食消费量高 8.33%；其他变量并没有通过显著性水平检验，这说明农村居民食物消费的区域差异并不明显。

（5）食物贸易成本对于居民食物消费的影响基本为负，其大多数变量都通过了显著性水平检验，说明食物贸易成本的上升将导致居民对食物消费量的下降。食物贸易成本上升 1%，将使得城镇居民蛋类、肉类、蔬菜消费量分别下降 0.27%、0.07%、0.09%，而对于粮食、油脂消费量的影响并不明显，然而，食物贸易成本上升却使得城镇居民对水产品的消费量上升，食物贸易成本每上升 1%，使得城镇居民水产品消费量上升 0.31%，造成此结果的原因可能在于食物贸易成本的增加，使得水产品更加集中于食物主产地城镇居民消费。对于农村居民来说，食物贸易成本对蛋类、猪肉、蔬菜、水产品的影响较为显著，同样地，食物贸易成本上升 1%，将使得农村居民蛋类、猪肉、蔬菜、水产品等食物消费量下降 0.50%、0.58%、0.12%、0.31%，尽管对其他食物消费量的影响为负，但是并未通过显著性水平检验。

（6）食物主产地变量对食物主产地居民和非主产地居民食物消费的影响并不相同。对于城镇居民食物消费而言，食物主产地城镇居民对油脂、蛋类、水产品的需求高于非主产地城镇居民，由于食物主产地而带来的影响，使得食物主产地城镇居民比非主产地城镇居民对油脂、蛋类、水产品的消费分别高出4.08％、18.53％、16.18％；而食物主产地城镇居民所消费的蔬菜、肉类、粮食的消费均低于非主产地，两者相差3.92％、7.69％、6.76％。对于农村居民食物消费而言，食物主产地对粮食、蔬菜、油脂、蛋类、水产品、牛羊肉的需求高于非主产地，分别高出6.18％、8.33％、5.13％、24.61％、22.14％、95.42％；对于猪肉需求的影响并不明显，原因可能在于猪肉市场相对来说较为完善，市场流通能力较强。

（7）城镇居民食物消费对农村居民食物消费具有一定的示范效应。模型结果显示，示范效应使得农村居民对粮食、蔬菜、油脂、猪肉、蛋类等食物消费量增加，示范效应每减少1个百分点，将会使得粮食、蔬菜、油脂、猪肉、蛋类等产品分别增加1.007千克、1.047千克、1.265千克、1.088千克、1.610千克，使得对水产品的消费下降1.851千克。而从该变量的显著性水平来看，大多数食物"示范性"变量基本通过了显著性水平检验，这说明农村居民食物消费基本保持着与城镇居民食物消费的同方向，这也间接说明了城镇居民食物消费对农民居民消费具有一定的引导作用。

五、结论与政策建议

本章借鉴消费者行为模型对 1996—2011 年中国居民粮油与其他类型食物结构的影响因素进行了分析，研究结论如下：

（1）居民收入进一步增长，但其食物支出比重逐渐下降，城镇居民食物支出比重低于农村居民，城镇居民食物结构比农村居民更为稳定。中国居民食物结构在不同地区、不同收入户之间差异明显，与所消费地区是否为食物主产地、经济发展水平均有一定的关系；从居民食物消费结构变动来看，中国食物结构正由植物性食物消费为主向动物性和植物性食物消费并重的方式转化。

（2）居民收入和价格水平依然是影响中国食物结构变动的主要因素。居民收入的提升将使得居民食物消费进一步增加，结果显示，城镇居民收入提高使得其对所有食物产品消费增加，尤其是对肉类、水产品、蔬菜消费的影响最大。对于农村居民而言，收入水平提高使得对油脂、水产品、蔬菜等食物消费量的增加，但是对于猪肉、牛羊肉的消费量并没有增加。各食物产品自价格弹性基本为负，也就是说产品价格上升将对居民食物消费产生负向影响，对城镇居民的油脂、蛋类、蔬菜、水产品消费的影响较大，但是对于农村居民粮食、蔬菜消费的影响并不明显，这可能是因为农村居民对两者食物存在一定的自给力，对这两个食物的购买水平相对较低。

（3）城市化水平的提升使得城镇居民食物消费总需求增加，然而，伴随城市化水平的提升，其对城镇居民人均食物消费量的影响为负，原因可能在于尽管部分农村居民已经转变成市民，但是其消费行为并没有发生变化，这些新的城镇居民仍然保留着过去的消费行为和方式；城市化水平对于农村居民人均食物消费的影响为正，使得农村居民食物消费量在逐步上升，这可能与农村居民收入水平的上升有一定的关系，同时也与城镇居民的示范效应有关，从各食物模型示范性变量的显著性水平来看，大多数食物"示范性"变量基本通过了显著性水平检验，这说明农村居民食物消费基本保持着与城镇居民食物消费的同方向，这也间接说明了城镇居民食物消费对农民居民消费具有一定的引导作用。

（4）居民所在地区对城镇居民食物消费的影响显著，具体而言，对于蔬菜、肉类、水产品消费的影响为正，对于粮食、油脂、蛋类消费的影响为负；其中对于肉类消费的影响最大，东部地区对肉类产品的需求高于中部地区、西部地区，前者对肉类产品的需求量为后者的 3.49 倍；而对于农村居民来说，除粮食外，其他变量并没有通过显著性水平检验，这说明农村居民食物消费的区域差异并不明显。

（5）食物贸易成本对于居民食物消费的影响基本为负，食物贸易成本的上升将导致居民对食物消费量的下降，将使得城镇居民蛋类、肉类、蔬菜的消费量下降，而对于粮食、油脂消费量的影响并不明显，然而，食物贸易成本上升却使得城镇居民对水产品的消费量上升；对于农村居民来说，食物贸易成本对蛋类、猪肉、蔬菜、水产品消费的影响为负且较为显著，尽管对其他食物消费的影响为负，但是并未通过显著性水平检验。

（6）食物主产地居民食物消费量高于非主产地居民，但是其对城镇居民和农村居民食物消费的影响并不相同。对于城镇居民食物消费而言，食物主产地对油脂、蛋类、水产品的需求均高于非主产地，而蔬菜和肉类并不高于非主产地食物消费；食物主产地农村居民对粮食、蔬菜、油脂、蛋类、牛羊肉的需求均高于非主产地。

根据本章以上研究，提出政策建议如下：

（1）伴随着收入水平的增长，居民在未来对食物的消费量将会持续增加，保证对于食物市场的有效供给，必须充分运用国内和国外两个市场进行调节，坚持以国内市场供给为主，以进口作为调节，以满足国内对食物的需求；同时，中国亟须根据中国农业生产的资源约束和比较优势，重新审视现有的"粮食安全"政策，由保障"粮食安全"向"食物安全"观念转变，在考虑充分利用全球农业资源的大背景下，制定面向未来的"粮食安全"新战略。

（2）确定合理的饮食调整方向，引导消费者进行消费。实证结果显示，城乡消费者之间存在着一定的联动效应和示范效应，容易使得消费者对于某种产品过度消费，使得产品市场出现不稳定因素，因而对于消费者行为合理引导：应大力推行健康消费，提倡合理消费、均衡消费，尽快建立科学膳食标准和制度，优化消费方式，拓宽消费领域，加强食物消费指导和食物消费科学的研究工作。确定合理的饮食调整方向，继续增加对蔬菜等植物性食物消费比重，适当增加动物性食物消费比重，这样不仅能提高食物的热量摄入，还能改善居民的营养状况。

（3）对各种食物产品价格和市场流通进行监控，及时整理和分析各种食物产品价格变动数据，并对未来价格变动趋势作出判断，以防止农产品价格出现剧烈波动。不仅对销售市场价格进行监控，同时也应对产地市场价格进行监控，着重分析产地和销地产品市场的关联性，理清食物价格波动的内在机制。

（4）建立完善的市场体系，逐步提高食物流通效率；政府通过补贴等措施在产地和销地分别建立农产品处理市场（用于产品筛选、包装等）、农产品物流中心等；研究显示，食物贸易成本对居民食物消费量的影响为负，因而应采取相应的措施降低食物区域贸易成本，进一步推进区域性食物共享，大力发展并延长农业产业链，加速农业产业化进程，加强道路等基础设施建设，促进地区间的食物流通。

（5）食物消费政策的制定需要考虑地区差异。中国地域辽阔，地区经济发展水平不均衡，消费习惯也存在着明显的差异，因而，制定消费性政策不能采用统一标准，应从整体食物发展布局出发，结合区域经济发展特点，充分考虑不同地域的特点和差异性，制定科学的食物发展战略。即实行区域之间的互补互利，加强区域之间的合作和食物资源利用；政府应制定适度倾斜的区域发展政策；从过去单一的数量增长转向数量与质量的同步增长；专业化基地建设与区域综合利用开发相结合。具体来说，西部地区逐步提高动物性食物的消费比重；对于中部地区而言，应当适当引导，注重高档食品的消费；东部地区应重点引导农村对高档食物和高品质食物的消费。

参 考 文 献

曹志宏，陈志超，郝晋珉. 2012. 中国城乡居民食品消费变化趋势分析 [J]. 长江流域资源与环境 (10).

陈永福. 2005. 中国粮食供求预测与对策探讨 [J]. 农业经济问题 (4)：8-13.

程国强，陈良彪. 1998. 中国粮食需求的长期趋势 [J]. 中国农村观察 (11)：1-7.

范金，王亮，坂本博. 2011. 几种中国农村居民食品消费需求模型的比较研究 [J]. 数量经济技术经济研究 (5).

封志明，史登峰. 2006. 近20年来中国食物消费变化与膳食营养状况评价 [J]. 资源科学 (1)：2-8.

胡小平，郭晓慧. 2010. 2020年中国粮食需求结构分析及预测：基于营养标准的视角 [J]. 中国农村经济 (6)：4-15.

黄季焜. 1999. 社会发展、城市化和食物消费 [J]. 中国社会科学 (4)：102-116.

蒋乃华，辛贤，尹坚. 2002. 我国城乡居民畜产品消费的影响因素分析 [J]. 中国农村经济 (12).

李波，张俊飚，李海鹏. 2008. 我国中长期粮食需求分析及预测 [J]. 中国稻米 (3)：23-25.

李经谋. 2012. 2012年中国粮食市场发展报告 [M]. 北京：中国财政经济出版社.

李哲敏. 2007. 近50年中国居民食物消费与营养发展的变化特点 [J]. 资源科学 (1)：27-35.

刘合光，秦富. 2013. 科学认识我国粮食安全 [N]. 经济日报，07-15.

刘秀梅，秦富. 2005. 我国城乡居民动物性食物消费研究 [J]. 农业技术经济 (3)：25-30.

隆国强. 1999. 大国开放中的粮食流通 [M]. 北京：中国发展出版社.

骆建忠. 2008. 基于营养目标的粮食消费需求研究 [D]. 北京：中国农业科学院.

吕新业，胡非凡. 2012. 2020 年我国粮食供需预测分析 [J]. 农业经济问题 (10)：11-18.

马永欢，牛文元. 2009. 基于粮食安全的中国粮食需求预测与耕地资源配置研究 [J]. 中国软科学 (3)：11-16.

孟繁盈，许月卿，张立金. 2010. 中国城乡居民食物消费演变及政策启示 [J]. 资源科学 (7)：1333-1341.

秦富，吕开宇，任爱胜，等. 2010. 国外居民食物消费研究 [M]. 北京：中国农业出版社.

食物消费升级模式与粮食安全政策分析评估课题组. 2007. 中国农民食物消费研究 [M]. 北京：中国农业出版社.

王宏伟. 2000. 中国农村居民消费的基本趋势及制约农民消费行为的基本因素分析 [J]. 管理世界杂志 (4)：163-174.

吴蓓蓓，陈永福，于法稳. 2012. 基于收入分层 QUAIDS 模型的广东省城镇居民家庭食品消费行为分析 [J]. 中国农村观察 (4).

夏晓平，隋艳颖，李秉龙. 2011. 我国城镇居民畜产品消费问题分析：基于收入差距与粮食安全视角 [J]. 晋阳学刊 (2)：41-45.

杨军，程申，杨博琼，王晓兵. 2013. 日韩粮食消费结构变化特征及对我国未来农产品需求的启示 [J]. 中国软科学 (1).

张小瑜. 2012. 未来我国粮食供需形势预测分析 [EB/OL]. 商务部国际贸易经济合作研究院网站，(07-10) [2013-11-15]. http://www.caitec.org.cn.

张玉梅，李志强，李哲敏，许世卫. 2012. 基于 CEMM 模型的中国粮食及其主要品种的需求预测 [J]. 中国食物与营养 (2)：40-45.

参 考 文 献

中国郑州粮食批发市场. 2013. 2012 年中国粮油市场分析报告 [N].
　粮油市场报, 02 - 19, 02 - 23.

钟甫宁, 向晶. 2012. 城镇化对粮食需求的影响: 基于热量消费视角的
　分析 [J]. 农业技术经济 (1): 4 - 10.

周建, 杨秀祯. 2009. 我国农村消费行为变迁及城乡联动机制研究[J].
　经济研究 (1): 83 - 95.

周津春. 2006. 农村居民食物消费的 AIDS 模型研究 [J]. 中国农村观
　察 (6): 17 - 22.

图书在版编目（CIP）数据

粮油市场贸易及政策分析.2012/杨艳涛等著.——
北京：中国农业出版社，2013.11
ISBN 978-7-109-18631-6

Ⅰ.①粮… Ⅱ.①杨… Ⅲ.①粮食市场－市场分析－
世界－2012②食用油－市场－市场分析－世界－2012③粮
食市场－国际贸易政策－政策分析－世界－2012④食用油
－市场－国际贸易政策－政策分析－世界－2012 Ⅳ.
①F762.1②F762.2

中国版本图书馆CIP数据核字（2013）第281388号

中国农业出版社出版
（北京市朝阳区农展馆北路2号）
（邮政编码100125）
责任编辑 孙鸣凤

中国农业出版社印刷厂印刷 新华书店北京发行所发行
2013年11月第1版 2013年11月北京第1次印刷

开本：850mm×1168mm 1/32 印张：4.875
字数：180千字
定价：35.00元
（凡本版图书出现印刷、装订错误，请向出版社发行部调换）